문학소녀의 탄생

1950년대 여성 독서의 문화사

문학소녀의 탄생

◇ 김윤경 지음

책과함께

차례

서론
1950년대와 '문학소녀'라는 독자집단

책상 앞에 앉으면 내 인생 노정의 지침이 되어 준 문학서적이 언제나처럼 시야에 들어오고 생의 긍정에서 오는 생명의 외침을 부각시킨 것이 드디어《소라의 꿈》이란 형태를 갖추어 나의 책상으로 돌아오는 것을 보았을 때 나는 인간만이 가지는 가장 고귀한 의미를 발견했습니다.

– 백혜자, 〈슬픔을 깨닫고〉,《경향신문》, 1961. 2. 18.

'문학은 인생의 기록이요, 또 인간 자체이다. 좋은 인간이라야 좋은 작품이 나온다. 먼저 인간을 알고 인간을 배우라. 그 다음에 필법이 필요하다'라고 한 톨스토이의 말을 되씹으며 프라우 조르게의 계절 속에서 나는 소리 없이 외쳤다. '나는 먼저 인간을 배워야 한다'고.

– 양인자, 〈아버지 그리운 마음으로〉,《경향신문》, 1961. 12. 9.

1961년 부산에서는 세간의 주목을 받으며 작가 양인자의 첫 소설《돌아온 미소》가 출판됐다. 작가 마해송과 정비석은 섬세한 심리묘사가 돋보이는 수작이라고 극찬했고, 소설은 초판을 발행한 지 1년도 안 되어 5판을 출간하며 베스트셀러 목록에 이름을 올렸다. 부산 문화방송국(HLKU)은 해당 소설을 22부작 라디오 드라마로 제작하여 방송하기도 했다.[1] 부산을 넘어 서울에서도 베스트셀러가 된 양인자의 첫 장편소설《돌아온 미소》는 국민학생 소녀들의 우정과 꿈이라는 소박한 주제를 담고 있다. 그럼에도 불구하고 이 소설이 전국의 독자들에게 주목을 받은 이유는 여고생 작가 양인자가 부산여중 3학년인 15세 때 쓴 작품이기 때문이다. 소위 문학소녀의 소설이 베스트셀러가 된 최초의 사건이었다. 양인자만큼 화려하게 주목받지는 않았지만 같은 해 서울에서도 열아홉 살 문학소녀 백혜자의 첫 시집《소라의 꿈》이 출간됐다. 서울 서대문구 인성병원장의 딸인 백혜자는 소아마비로 인해 학교교육을 전혀 받지 못한 채 집에서 상용한자 2000자와 한글을 독학하며 세상과 단절된 외로움을 33편의 시로 묶어내어 마침내 세상에 첫 시집을 내놓게 된 것이다.[2]

두 문학소녀 작가들은 각각 인터뷰에서 현실에서 감내해야만 했던 슬픔과 번민을 문학을 통해 해소할 수 있었노라 고백한다. 돌아가신 아버지를 그리워하는 마음을 안고 타향인 부산에서 가난한 생활을 이어가야 했던 양인자에게도, 소아마비로 인해 거동이 어려워 집 안에 갇혀 지내야만 했던 백혜자에게도 문학은 각자가 처한 삶의 현실을 보편적 인간 삶의 차원으로 깨닫게 하는 매개였다. 이들이 문학을 "인생의 기록이자 인간 자체", "인생 노정의 지침"이라 표현한 것으로 짐작건대, 적어도 이들에게 문학은 사춘기 소녀의 감상적 취미가 아니라 보편적인 인간 삶의 본질을 깨닫기 위한 진지하고도 치열한 사유의 세계였으리라. 두 문학소

문학소녀의 탄생

녀의 진지한 사유는 시와 소설이라는 문예창작으로 이어졌고 문학작품의 저자가 됨으로써 자신의 개인적 경험(가족 상실과 가난, 신체적 장애)을 '상실과 결핍으로 인한 인간 삶의 근원적 고독'이라는 보편적 주제로 상상할 수 있었다. 그리고 무엇보다도 공적 세계를 향해 자신의 목소리를 냄으로써 이름을 가진 구체적인 개인이자 주체로서 자기를 구성할 수 있었다.

이 책은 두 문학소녀가 비슷한 시기에 등장하게 된 것이 우연이 아니었을 것이라는 가정에서 시작됐다. 이 두 소녀의 10대 시절을 관통하고 있었던 1950년대는 미군정기부터 강력하게 추진된 한글교육의 성과로 문맹률이 현저히 낮아지고 초등의무교육 시행과 함께 폭발적인 교육열로 전국의 학교와 학생 수가 급증하던 시기였다. 문맹이 지배적이었던 사회에서 읽고 쓰는 능력이 보편화되고 문자를 통한 사회적 소통이 일반화된 것은 1950년대의 두드러진 변화였다. 이제 여성에게 읽고 쓸 수 있는 능력은 소수의 지식인 여성만의 전유물이 아닌 대다수 여성의 보편적 생활조건으로 간주됐다.

이 책은 문자미디어가 보편화된 1950년대를 중심으로 글을 읽게 된 여성들이 문학예술의 세계에 몰입하게 된 과정을 학교교육과 여성잡지 문예교육의 구체적 사례분석을 통해 재구성하고자 한다.

문해 인구의 증가에 따라 호황을 맞은 것은 잡지 출판계였다. 1950년대 출판시장은 단행본이나 전문서적보다는 상업잡지의 활황에 기대어 유지되고 있었다. 국내외 영화배우의 화려한 화보, 사진으로만 구성된 짧은 기사, 짤막하고 재치 있는 만화, 기사 내용을 요약하여 제시한 시각자료, 소설의 주요 장면을 묘사한 삽화와 장면설명을 곁들인 지면 구성, 일종의 조각독서(fragmented reading)가 가능하도록 텍스트를 분할하여 배

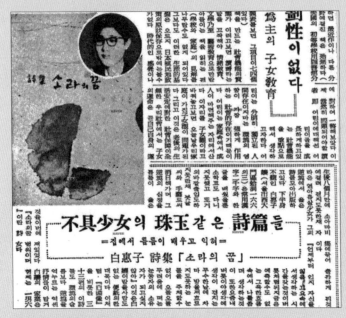

백혜자의 시집 《소라의 꿈》을 소개한 《조선일보》 기사(1961년 2월 12일).

《조선일보》의 백혜자 인터뷰 기사 일부(1961년 2월 19일). 백혜자는 소아마비로 인해 학교에 다니지 않은 독학생으로 시집을 출간했다. 소녀시인 백혜자에게 쏟아지던 팬레터 공세에 하나하나 답장을 할 수 없어 애석하다는 백혜자의 발언이 눈에 띈다.

문학소녀의 탄생

양인자의 소설 출간을 보도한 《경향신문》 기사(1961년 12월 9일). 양인자의 《돌아온 미소》는 출간된 해에 5판까지 인쇄되고 라디오 드라마로 제작되며 대중의 관심을 받았다.

《동아일보》 기사 일부(1961년 11월 5일). "15세 소녀의 장편소설"은 양인자의 《돌아온 미소》를 수식하는 대표적 문구였다. 이 수식어는 소설 광고에 적극 활용되며 독자뿐만 아니라 작가로서의 문학소녀 이미지를 구체화했다.

치한 박스형 기사 및 광고 등은 이 당시 상업잡지의 공통적인 편집체제였다. 이러한 편집은 충분히 여유로운 독서를 즐길 만큼의 시간적 여유가 없는 독자나, 긴 글을 집중하여 읽는 훈련이 되어 있지 않았던 초보 독자들이 틈틈이 가벼운 흥밋거리로 읽기에 적합한 체제이기도 했다. 고급독자를 대상으로 하는 전문서적 출판사가 용지난과 경영난을 이유로 속속 도산하고 있었던 상황에서 유독 상업잡지만이 괄목할 만한 수익을 올리고 있었다는 것은,[3] 가벼운 독서를 선호하는 대중 독자가 출판시장의 영향력 있는 집단으로 존재하게 됐음을 의미한다.

잡지 출판계에서 주목되는 또 다른 점은 독자들이 기호와 관심사에 따라서 블록화되기 시작했다는 것이다. 1950년대 출판계의 이례적 현상으로 잡지가 인쇄출판시장을 압도적으로 지배하면서 대중지·종합지·여성지·학생지 등 잡지의 종류에 따른 독자층의 블록화는 더욱 뚜렷해졌다.[*] 이에 따라 중학생, 대학생, 가정주부 등 연령·성별·직업 등이 유사한 독자층이 잡지를 매개로 분화됐다. 중학생 종합교양지를 표방하며 창간한 《학원》, 지식인 독자를 대상으로 한 《사상계》, 여대생과 고학력 여성 독자를 대상으로 한 종합교양지 《여원》, 가정주부를 주 독자로 하여 생활 정보와 교양을 제공하는 《주부생활》, 연예 기사나 가십 등 흥미 위주의 가벼운 읽을거리로 구성된 대중지 《아리랑》, 《명랑》, 《야담과 실화》 등이 1950년대에 창간된 대표적 잡지들이다.

다양한 대중지 속에서 《여성계》, 《여원》, 《주부생활》 등 여성지의 발간

---

[*] 이봉범은 1950년대 잡지시장이 과열되면서, 각 잡지사는 특화된 독자집단을 창출하는 한편 목표독자층의 성격에 따라 연재소설의 종류와 성격을 선택하는 전략을 취했다고 지적한 바 있다. 이봉범, 〈1950년대 잡지저널리즘과 문학〉, 《상허학보》 30, 2010.

문학소녀의 탄생

이 본격화된 것은 대중 독자 중에서도 여성이 잡지 출판시장의 중요한 수익원으로 특화되고 있었음을 보여준다. 이들 여성지는 가정영역과 관련된 실용정보를 고정적으로 소개하는 한편, 연애와 결혼·섹슈얼리티 등에 대한 기획기사뿐만 아니라 소설, 수기, 에세이 등의 다양한 읽을거리를 제공함으로써 여성일반의 관심사를 잡지편집에 적극적으로 반영했다. 여성지에 대한 여성 독자의 관심과 기대는 특히 소설과 문예 분야에 두드러졌는데, 문학적 읽을거리에 대한 선호 외에도 독자응모수기, 독자 문예교실, 애독자 문예현상공모, 여류현상문예공모 등에 적극적으로 참여함으로써 이들 여성 독자는 잡지를 매개로 한 여성문예공동체라는 집단적 정체성을 구성하기도 했다.

《여원》,《주부생활(여성생활)》,《여성계》등의 여성지가 여타의 잡지에 비해서 〈독자문예〉나 〈독자수기〉, 〈현상문예공모〉 및 〈주부서한문강좌〉 등 독자의 글쓰기 욕구를 반영한 지면이 많았던 것은, 다른 독자집단에 비해서 여성 독자의 글쓰기 욕구와 문학취미가 두드러졌기 때문이었다. 여성들의 문학취미와 글쓰기 욕구가 갖는 의미는 무엇일까. 여성의 글은 일기, 편지, 소설 등이 서로 경계를 접하고 있는 경우가 많다. 또한 여성들의 소설은 자서전적이고 그들의 자서전은 소설적이라고 흔히 일컬어지기도 한다.[4] 이는 여성의 글쓰기 욕구가 상당부분 자기정체성 형성의 욕구와 맞닿아 있음을 의미하는 말이며, 동시에 일기·수필·소설 등 문학적 범주에 속하는 글쓰기가 여성의 자기정체성 구성에 효과적으로 기여할 수 있다는 말이기도 하다. 근대적 독서방식인 묵독이 개인적 공간을 필요로 하는 지극히 사적행위라면, 글쓰기는 한 명 이상의 독자를 전제로 한 공적행위이다. 더욱이 잡지에 자신의 글을 투고한다는 것은 이미 사적 경험과 감상을 표현한다고 하더라도 명백히 공적인 의미를 갖는다고 볼 수 있다. 여성 독서공동체가 문예공동체로서의 성격도 함께 지니고 있었다는 사실은, 여성이 독서를 통해 자신의 내면을 발견하고, 자기정체성을 구성하는 것만큼이나 공적영역에서 다른 독자와의 소통과 공감을 통해서 이를 다시 공통의 감각으로 확인하고 싶어 했음을 의미한다. 여성의 독서가 대상에 대한 감정적 몰입과 자기동일시의 경향이 두드러지는 어리석은 것으로 종종 비판을 받기도 하지만, 이는 일종의 독서의 젠더화로 이해될 수 있다.

이러한 독서의 젠더화와 함께 여성젠더의 독서, 즉 여성의 독서취향이 문학에 집중되어 있다는 것은 눈여겨볼 필요가 있다. 왜냐하면 문학은 몰입과 자기동일시라는 여성의 독서경향에 부합하는 읽을거리이기도 하지만, 동시에 미적·윤리적 권위가 부여된 공식적인 예술장르이기도 하기 때문이다. 따라서 여성 독자는 텍스트와의 거리두기에 실패한 어리석은 독자가 아니라, 예술에 대한 탁월한 심미적 감수성을 지닌, 열정적이고 순수한 감상자로 이해될 수 있다. 1950년대 여성지의 독자들이 여성의 삶을 소재로 한 연재소설에 각별한 애정을 갖고 이에 대한 감상과 의견을 잡지사에 적극적으로 투고한 것은, 소설읽기를 통한 자기정체성의 형성과 함께 공적담론장 내에서 이를 공식화한다는 의미가 있었다. 여성지는 이들 여성 독자의 사적 경험을 공론화하는 매개로서의 역할을 하고 있었고, 특히 〈독자문예〉나 〈독자현상문예〉 등의 지면을 통해 여성 독자가 직접 시·소설·수필 등의 문예창작에 참여한 것은, 독자문예의 문학적 완성도와는 별개로, 여성 독자 스스로가 문학예술의 창작자로서 권위를 갖는 의미가 있었다. 1950년대의 다종다양한 잡지들 중에서도 유독 여성지에서 독자의 문예참여가 두드러졌던 것은 독서와 글쓰기를 통한 여성의 주체구성의 욕망과 무관하지 않다. 또한 여성의 사적 경험이 글쓰기를 통해 공적담론장으로 나아가게 된다는 것은 궁극적으로 사적영역과 공적영역의 경계에 균열을 가함으로써 무엇이 사적인 것이고 무엇이 공적인 것인가에 대해 궁극적인 재고를 요청한다는 정치적 효과가 있다.[*]

한편, 여성 독자의 증가는 1950년대 소설의 대중화와 통속화 경향을 촉발시켰는데, 여성들이 즐겨 읽는 신문연재소설과 잡지의 통속소설이 남녀 간의 성적 유혹과 갈등을 중심으로 한 멜로드라마적 로맨스로 일관하고 있었던 것은 여성 독자의 독서취향이 반영된 결과였다. 통속소설에서 흔히 보이는 '성적에너지가 넘치는 치명적 여성인물들의 남성편력과 파멸의 서사', '아름답고 지고지순하며 가부장적 여성규범을 내면화한 지혜로운 여성인물의 서사적 승리', '평범하고 호기심 많은 여성인물이 경제적·성적 유혹에 매료되어 도덕규범의 경계를 위태롭게 오가는 일탈의 서사', '섬세하고 자상하며 건전한 사상을 가졌지만 유혹에 쉽게 빠져드는 남성인물' 등은 여성 독자의 로맨스적 판타지를 충족시켜주는 멜로드라마적 클리셰(Cliche)로 반복되고 있었다.

사실 여성 독자 증가에 따른 소설의 통속화 경향은 18~19세기 유럽 소설사 연구에서 이미 제시된 바 있는 익숙한 분석방식이다. 이언 와트는 18세기 영국소설의 발생에 대한 탁월한 연구에서 책을 살 수 있는 경제적 여유, 사적인 독서공간의 확보, 독서를 할 수 있는 충분한 여가시간

---

[*]   마리아 피아 라라는 여성이 작가가 된다는 것은, 문학이라는 예술장르의 창작자가 됨으로써 안전하게 공적영역으로 진입하는 정치적 효과와 더불어, 사적영역에 국한되었던 여성의 구체적 경험과 감상이 공적영역에서 담론화됨으로써 사적인 것과 공적인 것의 경계를 변화시키는 효과도 수반한다고 지적한다. Maria pia lala, *Moral Textures: Feminist Narratives in The Public Sphere*, University of California Press, 1998, pp. 46-49.

의 마련을 통해 중산계급 여성이 소설의 주요한 독자로 자리 잡게 된 과정을 흥미롭게 제시한 바 있다.[5] 또한 마틴 라이언스는 19세기 서유럽 출판계의 새로운 독자층으로 등장한 여성, 어린이, 노동자의 독서가 요리책·에티켓교양서·여성잡지·소설·동화·교육과 오락잡지 등 새로운 읽을거리들의 발생을 낳게 된 과정과 이들의 독서습관과 독서취향이 19세기 서유럽의 출판문화를 형성했음을 보여주었다.[6] 다이쇼 후기 통속소설의 유행을 중산계급 여성 독자의 증가와 관련하여 설명한 바 있는 마에다 아이의 연구도 이러한 소설문화사적 연구방법론을 따른 일본문학의 사례라 하겠다.[7] 국내의 독자연구로는 신문학 초창기부터 1930년대를 대상으로 근대 독자의 성립과 소설의 관계를 밝힌 천정환의 연구가 대표적이다.[8] 이 연구는 소설 독자의 형성과 분화과정에 대해 언어사용의 층위, 계급과 젠더 및 근대교육 수혜의 여부에 따라 각기 다른 독서경향을 낳았고, 이들 독자들의 사회적·문화적 층위가 근대소설의 형성과정에 영향을 끼쳤음을 밝히고 있다. 방대한 자료수집과 분석을 토대로 식민지 시기 한국 근대문학의 발생과 전개를 독자사회학적 측면에서 해명한 연구방법론은 이후 식민지 시기 여성 독자의 수기연구[9] 및 지식인 여성의 자전적 글쓰기연구[10] 등에서부터 1960년대 문학소녀의 표상연구[11]에 이르기까지 광범위한 독자연구로 이어졌다.

이들 연구의 공통점은 소설을 미적·형식적 체제가 완전히 갖춰진 고정불변의 예술형식으로 보는 대신, 특정 시대의 구체적인 독자집단이 인쇄출판시장의 주요 소비층으로 대두됨에 따라 그 내용과 형식이 변화해가는 사회문화적 파생물로 간주한다는 점이다. 따라서 이러한 소설문화사적 연구방법을 통한 독자-소설 연구는 기존의 독서시장에 영향력 있는 집단으로 등장하게 된 신참 독자들이 형성된 사회적·경제적 배경과 이들의 취향과 문화적 욕구를 분석함으로써 궁극적으로는 소설장르에 어떤 변화를 가져오게 됐는가를 밝히는 것이 일반적이다.

그러나 1950년대의 여성독자연구는 이러한 연구방법론을 그대로 가져오기에는 여러 가지 난제가 따른다. 일단 전술한 바와 같이 한국의 여성 문해 인구의 증가는 사회경제적 변화에 따라 장기간에 걸쳐 일어난 것이 아니라, 해방 후 근대국가 형성기에 10여 년이라는 짧은 시간동안 한글교육이 집중적으로 진행된 결과였다. 또한 1950년대 원조의존 경제체제에서 몇몇 소비재 중심 산업에 한정되어 진행된 산업화 상황에서[12] 독서와 같은 일상적 여가생활을 누릴 수 있는 여성경제인구가 과연 괄목할 만한 성장을 하고 있었는지도 다소 미심쩍다.

요컨대, 여성지를 포함한 잡지시장의 활황과 통속소설의 유행, 문학과 문예를 통한 여성 독자 커뮤니티의 형성 등은 1950년대 여성독서인구의 성장을 방증하고 있지만, 정작 여성독서인구의 사회적·경제적 변화를 초래한 물적 토대를 확인하기에는 한정된 자료의 문제와 더불어 1950년대 여성인구의 사회경제적 상황에 대한 선행연구가 충분치 않다는 어려움이 있다.

이러한 이유로 1950년대 여성독자연구는 주로 매체를 중심으로 한 담론 및 표상연구에 집중되어 이루어져 왔다.《여원》의 매체적 전략과 1950~60년대 여성을 둘러싼 각종 문화·교양담론, 가정주부·여대생·직업여성·아프레걸 등의 여성표상,《여원》의 연재소설에 나타난 연애와 성담론 등을 분석한《《여원》 연구: 여성·교양·매체》[13]는 그 대표적 사례이다. 이들 연구는 1950년대 전후 국가재건의 논리에 따라 여성이 현대적 현모양처로서 어떻게 호명되고 있었는가의 문제와 실용성과 합리성을 중시한 현대적 여성의 교양담론이 남성편집진과 필진들에 의해 제도화되고 있던 양상을 분석하고 있다. 나아가 여성들은 이러한 지배담론에 어떻게 조응하면서 균열의 지점을 만들어가고 있었는가를 분석함으로써 여성 독자라는 문화적 표상이 내포하고 있는 정치적 의미를 심도 있게 다루고 있다. 이러한 연구는 1950년대 여성의 문학적·문화적 경험의 구체적 양상에 주목함으로써 기존의 지식담론, 정치담론 위주의 분석에서 벗어나 대중성과 일상성의 맥락에서 1950년대를 재구성하고 있다는 점에서 연구의 의의를 찾을 수 있을 것이다. 그러나 이러한 문화사연구의 성과에도 불구하고 1950년대 여성의 문화적 경험이 소설이나 문학제도의 영역에서 어떻게 작동하고 있는지에 대해서는 충분한 설명을 해주지 못한다는 한계가 있다.

이보다 좀 더 구체적으로 여성의 독서경험에 초점을 맞춘 연구에는 윤금선과 노지승의 연구가 있는데, 윤금선은 해방 이후 독서대중화 운동의 분석을 통해 학생과 여성의 독서가 통제·계도되는 과정을 분석한 바 있다.[14] 한편, 1950년대 여성 독자의 성장이 문학장 내의 순수와 통속의 경계를 강화시키는 결과를 낳았다는 노지승의 연구는《여원》의 구체적인 독자계층(주부-고학력-대중문학 독자)의 독서취향과 문화소비 양상이 순수문학과는 배타적인 문학적·문화적 영역을 확보해간 과정을 보여주고 있다.[15] 이는 1950년대의 여성의 독서경험을 전면화하여 다루었다는 점에서 여성독자연구의 구체적 성과를 제시하고 있지만, 여성 독자의 독서취향과 문화적 경험이 1950년대라는 특정 시기에 어떠한 문학적 변화를 가져왔는지까지는 나아가고 있지 않다.

따라서 이 책에서는 1950년대 여성 독자의 독서경험에 주목하되, 여성인구 전체를 대상으로 여가활동으로서의 독서가 어떻게 이루어지고 있었는가를 분석하는 대신, 신문·잡지 등에서 확인되는 여성 독서에 대한 기사와 여성 독자 담론을 적극 활용하는 한편, 독자인생상담수기·독자문예교실·애독자문예현상공모·여성 독자의 독서좌담 등에 나타난 여성 독자의 독서·글쓰기 경험에 대한 직접적인 진술을 통해 여성 독자의 독서경향과 문학 이해방식을 추적해보고자 한다. 즉, 1950년대 문학취미를 본격적으로 공유하게 된 여성 독자의 문학 이해방식과 소설 수용양상, 글쓰기의 욕망을 살펴봄으로써 한국 독서계와 문화계에 등장하게 된 '문학소녀'의 정체를 규명하고자 한다.

1장
해방 후 문예교육과 문학소녀의 탄생

1. 해방 후 문맹퇴치와 읽고 쓰는 행위의 보편화

어슴프레한 〈람푸〉 불 밑에 십삼, 사 세 되는 소녀들과 삼십 전후의 부인 25명이 방에 〈한글첫거름〉을 펴놓고 앉았다. 선생은 이 동리에 사는 국민학교 졸업생들인데 나이 십칠, 팔 세의 소녀들이다. 이 야학교는 작년 12월에 개설하여 이미 약 30명의 강습수료생을 내었다고 한다. (…) 현재 파주군에서는 한글을 배우지 않으면 시장은 물론 관청출입 기차 자동차 승차를 할 수 없게 정하였다는 것이다. 어디를 가려고 하면 으레 한글로 자기 이름과 간단한 말을 써야 된다고 한다.

- 〈한글공부 안하면 시장출입도 금(禁)〉,《조선일보》, 1947. 6. 26.

해방 후 남한 사회의 한글교육은 미군정기 보통선거법 제정을 준비하면서 본격적으로 시작됐다. 비록 실제로 치러진 남조선 과도입법의원 선거는 근대적 보통선거와는 거리가 먼 것이었으나, 민관이 함께 전국 18세 이상의 문맹남녀를 대상으로 단기간에 집중적인 한글교육을 시행한 배경이 됐다. 이러한 한글강습은 좁게는 정부수립을 위한 제도적 준비과정이기도 했고 넓은 의미에서는 독립된 민주국가의 공민을 양성하기 위한 것이기도 했다.

미군정기 한글교육은 학무국(문교부) 주도하에 국문강습소나 공민학교에서 2~3개월 단기과정으로 진행된 '한글개학촉진운동'과 민간단체인 '성인교육협회', '한글문화보급회', '여자기독교청년회(YWCA)', '기독교계명협회' 등이 주도한 한글강습 등으로 다양하게 전개됐다. 눈에 띄는 것은 미군정 산하기관인 부녀국(婦女局)이 성인 여성을 대상으로 한글강습을 진행한 것이다. 부녀국은 기관지인 《새살림》을 통해 한글독본을 보급하고 한글교육의 필요성을 지속적으로 제기하며 여성 문맹률을 낮추기 위해 노력했다.[1] 특히 여성의 문맹타파는 "봉건적 생활에서 벗어나 민주주의 여성으로서 갱생"하기 위한 무기가 될 수 있다는 계몽주의적 관점에서 성인 여성을 대상으로 한 한글교육이 활발히 진행됐다.[2]

전 세대 여성의 문맹률이 낮아지게 된 가장 직접적인 계기는 1954년에 초등의무교육제도가 시행되면서부터였다. 초등의무교육제도의 시행 결과, 미군정 시기까지도 미진했던 여아의 초등학교 진학률은 전후(戰後) 의무교육 6개년 계획이 진행됨에 따라 꾸준히 증가하여 1960년도에 이르면 전체 초등학생의 45.4%에 이르게 됐다.[3] 물론 여학생의 진학률은 고등교육기관으로 갈수록 여전히 낮은 수준이었지만, 문맹이 지배적이던 사회에서 남녀가 동등한 교육기회를 제공받음으로써 읽고 쓰는 능력이 보편화되고, 문자를 통한 사회적 소통이 일반화된 것은 1950년대의 두드러진 성과였다. 이제 여성에게 있어서 읽고 쓸 수 있는 능력은 소수의 지식인 여성만의 전유물이 아닌 대다수 여성의 보편적 생활조건으로 간주되기에 이르렀다.

2. 문학작품을 활용한 국어과 교육과정

성인을 대상으로 하는 한글교육이 단기간에 집중된 문해교육의 성격이었다면 학교교육과정에서의 한글교육은 독립국가의 공민을 양성하기 위한 국어교육의 일환으로 진행됐다. 1946년, 해방 후 최초로 공교육과정을 세운 조선교육심의회는 문화적 소양과 민족의식을 갖춘 교양인을 양성하는 것을 주요 교육이념으로 제시했다. "민족적 독립·자존의 기풍", "상호부조의 공덕심", "고유문화를 순화, 앙양", "숭고한 예술의 감상, 창작성의 고조" 등의 교육이념[4]을 통해 교수요목의 제정과 교과서 편찬의 방향이 근대적 민족국가의 국민을 양성하는 것을 목표로 이루어졌음을 알 수 있다.

그러나 교육현장의 상황은 해방 후 높아진 교육열을 감당하기에 벅찬 상황이었다. 초등교사의 30%, 중등교사의 60%를 차지했던 일본인 교사가 물러간 뒤 제대로 충원이 되지 않아 교원 공백이 심각했고, 인력난과 재정난으로 교과목 구성 및 교과서 편찬에 대한 구체적인 진행이 요원한 상황이었다. 이에 대부분의 교과목은 기존의 일본식 체계를 거의 그대로 가져오되, 국어·국사·공민 과목에 한하여 교수요목제정위원회를 구성하여 국민교육의 근간을 세우고자 했다.

조선어학회에서 발간한 《한글 첫 걸음》 표지(1945). 미군정기 한글교육은 민관이 협력하여 대대적으로 진행되었다.

국어과의 경우 진단학회와 조선어학회 등의 민간 학술·문화단체가 1955년 제1차 교육과정이 공포되기 전까지 국어교육과정 운영의 전반을 담당했다. 이들은 '한글 도로 찾기 운동', '한자 폐지 운동' 등의 한글 사용 확대 운동[5]을 펼치는 한편,《한글 첫걸음》을 비롯한 초중등 교과서 편찬을 주도했는데, 조선어학회 산하 국어교과서편찬위원회가 선택한 국어교육 방법론은 문학작품을 근간으로 한 것이었다. 조선어학회 소속으로 국어교과서편찬위원으로 활동한 이희승의 다음과 같은 발언을 통해 당시 국어교육 및 공민교육을 위해 문학작품이 적극 활용됐음을 짐작할 수 있다.

국어는 문학적 교재가 중심이 되어야 하리라고 생각된다. (…) 본래 교육의 목적이 '국민'으로서의 유위유능한 인물을 양성하는데 있다고 생각한다. 이 '국민'이란 말은 매우 의미심장하고 함축이 있어서 '국민정신을 체득한 사람', '국가이념에 투철한 사람'을 뜻하는 것이 아닌가 한다. (…) **국어는 이와 같이 그 국민에 대하여 위대한 감화력과 도야력을 가지고 있다. 그리고 국어사에서도 우리 민족의 정서나 생활을 표현하여놓은 문학적 작품에 그 힘이 가장 많이 포함되어 있다.**[6]

문학소녀의 탄생

위와 같이 이희승은 문학작품이 한글교육에 가장 적합한 교과서일 뿐만 아니라 민족적 정서와 생활상이 반영되어 국가이념과 민족정신을 앙양하는 데에도 훌륭한 교재가 된다고 말한다. 해방 직후 열악한 조건 속에서 제대로 된 교과서를 편찬하기에 한계가 있었던 저간의 사정도 있었으나, 1차 교육과정 이전까지의 국어교과서는 소설·시·수필·고전문학 등 문학작품으로 구성되어 있었다.[7]

이와 같이 문학작품을 국어과 교재로 적극 활용한다는 교과운영 방침은 이후에도 지속됐는데, 특히 한국전쟁 이후 반공교육과 함께 도의교육을 강화하면서 문학작품의 교육적 효과는 더욱 강조됐다. 일례로 1955년 공포된 제1차 중등국어과 교육과정의 내용을 보면 문학 언어를 "우리들의 인간성을 형성하며 국민적인 사상 감정을 도야하는 것"[8]이라 규정하고 있다. 이는 전후 국민적 정체성의 형성에 문학작품이 적극적으로 활용되고 있음을 보여주는 대목이다.

문학작품의 교육이 국어과의 주요한 영역으로 자리 잡게 된 또 다른 배경은 문학이 문명국가의 시민교양으로서 가치를 지니기 때문이었다. 문명국가의 시민으로서 교양을 갖추기 위해서는 "국민의 교양과목 가운데 가장 중요한 일과목"인 문학예술의 감상을 통해 정서교육이 이루어져야 한다는 지적[9]이나 "문학작품이야말로 인생의 위대한 스승"[10]이라는 발언은 국어과 교과과정에서 문학이 근대국가의 시민교양과 정서교육에 필수적 분야로 간주됐음을 의미한다.

정리하자면, 미군정기부터 한글전용교육을 받아온 학생들에게 문학작품은 철학서나 사상서, 기타 전문서적보다 쉽게 이해하고 감상할 수 있는 장점이 있었고, 문학을 통한 정서교육과 교양교육의 효과가 강조되면서 정규교과 외에도 독서활동 등을 통해 학교현장에서 문학은 더욱

광범위하게 활용됐다. 이처럼 문학작품은 가장 유용한 국어교육교재이자 교양교육과 정서교육의 수단으로 간주됐고, 전쟁으로 피폐해진 사회분위기를 극복하고 민족정신의 앙양을 통한 국민적 도의를 실천하기 위해 국민 일반의 교양교육 방법으로 그 중요성이 더욱 강조됐다.

3. 문학을 탐독하는 (여)학생들

1차 교육과정을 거치며 한글로 된 교과서로 문학작품을 읽고 자란 이른바 한글세대의 성장은 1950년대 출판시장에도 영향을 끼쳤다. 1950년대 학생잡지의 성장이나 각종 문학전집류의 출판 붐이 일어난 것이 대표적이다. 6·25 이후 용지난과 경제난으로 수험서와 학습서, 저가의 대중잡지를 제외한 대부분의 출판물 판매가 고전을 면치 못하고 있었던 상황을 고려한다면 이는 상당히 획기적인 변화였다. 특히 전집류는 방대한 분량도 문제거니와 구매가격이 만만치 않다는 점에서 출판사나 구매자 모두에게 부담이 되지 않을 수 없었다. 따라서 전후 경제난에도 불구하고 문학전집 발간이 활기를 띠었다는 사실은, 문학에 대한 학생들의 관심이 높아지고 있었던 1950년대 말의 상황을 방증한다.

불과 10여 년 전만 해도 학생들이 문학작품을 읽지 않는 현실을 비판한 기사가 나왔던 것을 상기하면 참으로 격세지감의 변화라 하겠다.*

---

* 〈書肆에 빛인 讀書傾向: 首位는 法律. 文學은 低調. 女性의 探書熱은 微微〉,《조선일보》, 1949. 11. 24. 물론 이 기사에서 말하는 학생은 일제식 교육을 받고 성장한 엘리트로서 해방 후 보통교육을 받고 성장한 1959년의 중고등학생과는 다른 정체성을 가지고 있었다는 점을 감안해야 할 것이다.

문학소녀의 탄생

1959년 12월《자유문학》좌담에 참석한 김규동은 최근 학생들이 소설을 많이 읽게 되면서 문학전집이 많이 팔리고 있다고 언급하며, 6·25 전까지만 해도 소설이나 시를 읽는 사람은 문학청년들이었을 뿐 학생들은 문학에 그다지 관심이 없었다는 점을 지적한다.[11] 실제로 대다수의 학생들은 문학작품 탐독에 상당히 심취해 있었고, 이러한 현상은 1950년대 말 독서경향의 두드러진 특징이었던 것으로 보인다.

이처럼 학생들의 문학탐독 열기가 고조되어감에 따라 교육계와 문단에서는 학생들에 대한 읽기지도의 필요성이 제기됐다. 일각에서는 나쁜 소설이 많이 들어 있다는 이유로 한국문학전집을 읽는 여고생을 엄벌에 처했다는 소문도 있었지만 대개는 상업적 출판시장이 순진한 학생 독자를 현혹하지 않도록 좋은 읽을거리를 선별하고 추천하는 교사와 문단계의 관심을 강조하는 내용이 주된 논조였다.

> 오늘날 우리 사회에서 가장 많이 책을 읽는 사람이라고 하면 누구나 다 청소년을 생각한다. 따라서 모든 출판업자들이 노리는 '독자층'이란 것도 따지고 보면 대개 청소년이다. 따라서 우리가 청소년의 읽을거리에 대해서 생각하는 것은 지극히 중요한 문제다. (…) 그들의 독서욕을 자극시키는 것도, 그리고 독서경향을 지배하는 것도 결국 그러한 내적 필연에 있는 것이다. 그러므로 독자론은 항상 이들을 중대한 대상으로 삼고 있으며 저널리즘 역시 기업적인 관심에서 그들의 독서경향을 조심성 있게 살피는 것이다.[12]

4. 문인 교사와 문예교육

학생 독서지도의 필요성이 제기되고 문학작품에 대한 학생들의 관심이 고조되는 분위기 속에서 교단에 선 문인들의 존재감은 점차 커져갔다. 1950년대의 중고등학교에서 문예교육이 강조되고 학생들의 문예반 활동이 활발했던 것은 당시 상당수의 문인들이 교단에 진출해 있던 상황과도 관련이 있다.

앞서 언급한 바와 같이 해방 후 대부분의 학교는 심각한 교원 부족 문제로 곤란을 겪고 있었고, 이에 문필활동만으로 생계를 유지할 수 없었던 문인들은 대거 교편생활을 시작했다. 경기여고의 경우 조지훈, 조흔파가 재직한 바 있고[13] 그 외에도 해방 후부터 1950년대까지 중고등학교에서 교편생활을 했던 문인들은 박목월(계성중학교·이화여자고등학교), 유치환(안의중학교), 안수길(용산고등학교), 오영수(경남여자고등학교), 임옥인(창덕여자고등학교), 이범선(휘문고등학교·숙명여자고등학교·대광고등학교), 정한모(휘문고등학교), 선우휘(인천중학교), 박양균(대구여자상업고등학교), 황순원(서울중고등학교), 곽종원(상명여자고등학교), 조병화(제물포고등학교·서울고등학교), 김춘수(통영고등학교·마산중학교), 김남조(마산고등학교·이화여자고등학교) 등 다수가 있었다. 그 밖에도 대학에서 교·강사로 재직했던 문인까지 합하면 사실상 거의 모든 문인이 교편생활을 병행하고 있었다.

생계를 위해 교단에 선 문인들이 늘어나면서 이로 인해 문인들이 창작에 집중하지 못한다는 우려의 목소리가 나올 정도였다. 작가들이 교단에서 재능이 있는 학생 문인을 발굴한다고 하더라도 생업에 바빠 창작활동을 소홀히 할 수밖에 없는 현실에서 문인의 교편 활동은 문단의 입장에서 심각한 손해라는 우려의 시선도 있었다.[14]

그러나 교단의 문인들에 대한 학생들의 관심과 동경은 지대했고, 정규 교과 이외의 문인들의 문예 강좌 및 창작지도는 학내 문예반 활성화에 기여했다. 더욱이 1950년대에는 문예창작에 대한 학생들의 관심을 반영하여 크고 작은 문예대회와 현상모집이 늘어났고, 학생들은 저마다 문예대회의 입상을 꿈꾸며 창작활동에 몰두했다. 규모가 큰 문예 콩쿠르에서 입상했을 경우에는 학교의 명예를 드높였다 하여 교내외에서 명성을 얻을 수 있었기 때문에 학생들에게도 매력적인 일이 아닐 수 없었다.

> 예원의 귀재들: 교지《梅苑》과 월간 신문《매순》을 계속 발간하는 한편 빈번이 개최하는 문예 강좌, 그리고 본교 문예방면을 담당하는 교사들의 쉼임없는 노력과 생도들이 지닌 천부의 재질이 합쳐진 곳에 문예의 꽃동산이 이룩되었다. 각종 현상모집에 응모하여 당선되는 규수작가의 새싹이 많은 가운데 특히 4288년(1955) 5월 '어머니날' 기념행사로 시행한 문예작품과 현상모집에 본고 장경자양이 당선되어 영예의 대통령부인상을 획득하였다.[15]

이처럼 문예창작에 대한 학생들의 관심은 대단한 것이어서, 문예중심적 글쓰기 교육이 학생들로 하여금 기성문인의 글쓰기를 모방하는 문제를 낳았다는 비판이 나올 정도였다. 당시 국학대학 강사로 재직하던 윤태영은 1차 교육과정 이후 국어교육의 경향이 지나치게 문예중심으로 흐르게 되어 학생들이 실생활에 필요한 작문보다는 문예창작에만 몰두하게 됐다고 비판한다. 이에 국어와 작문교육의 방향을 재설정하여 "문학 활동으로서의 작문"이 아닌 "언어에 의한 사회적 교섭"으로 실용성과 일상적 소통을 강화한 교육이 절실하다고 호소하고 있다.[16] 앞서 한글교육이 활발하던 해방 직후, 국어교육의 가장 적합한 교재는 문학작품이라고 주장했던 이희승 또한 생활작문 중심의 중고등 작문 교과서인《신편 중등 글짓기》(이희승 감수, 김현명·김성배 공저) 교과서를 1956년에 새롭게 집필하여 학교교육의 문예지상주의를 극복하고자 했다.*

그러나 박종화·곽종원의《중등작문》(1955)이나 박종화·조연현·김동리·최정희가 지은《고등작문》(1956) 교과서는 여전히 문예중심의 작문 활동을 강조한 것으로, 이희승의 작문교육 방향과는 상반된 관점을 보여주고 있다.** 이는 1차 교육과정기의 교육체계가 아직 자리 잡지 못한 상황 때문에 나타난 현상이지만, 학교현장에서 학생과 교사의 문학 선호가 상당했음을 알 수 있는 대목이기도 하다.

이처럼 학교제도 내에서 문학감상과 문예작문의 기회가 늘어나면서 학생들은 문학취미가 두드러진 일종의 문예공동체 또는 독서공동체로서의 집단의식을 형성하게 됐다. 이들은 1950년대 대표적인 학생잡지인《학원》을 비롯하여《현대문학》,《여원》과 같은 문예지를 읽거나 각종 잡지의 독자란에 직접 투고를 하는 등 적극적으로 독서취향을 표현하면서 출판시장을 움직이는 중요한 독서대중으로 부상하게 된다.

---

* "이 책에서는 문예창작을 주로 하는 종래의 작문교육 방침을 버리고, 일상생활에 있어서의 모든 문자 활동을 능숙하게 할 수 있도록 지도하는 데 노력하였음." -《신편 중등 글짓기》 (1956) 머리말 중에서

** "이 책은 중·고등학교 국어교육에 있어서 올바른 문장관과 작문의 힘을 기르는 데 도움을 주려고 엮은 것이다. 글을 지어야 한다는 것은 (…) 예술적인 욕망이기도 하다. 우리는 문장을 통하여 (…) 우리의 모든 예술적인 의욕을 표현해가는 것이다." -《고등작문》(1956) 머리말 중에서

문학소녀의 탄생

《여학생》 1949년 11월호의 〈문인 인상기〉에는 박종화, 조지훈, 최정희, 김기림 등 문인의 인상을 여학생의 시선으로 묘사하고 있다. 학교와 거리에서 당대의 유명 문인을 마주쳤을 때 여학생들의 반응이 흥미롭게 제시되었다.

5. 남학생과 여학생의 문학관 차이

이들이 독서·문예공동체로서 가장 두드러진 활동을 보인 것은 앞서 언급한 바와 같이 교내 문예반을 통해서였다. 대부분의 학교에서 문예반은 가장 역사가 오래됐거나 그곳에 직접 소속되지 않은 학생들까지도 관심을 갖고 있는 경우가 많았다. 흥미로운 것은 문예반의 활동에서 참여도나 독서취향에 있어서 남학생과 여학생 사이에 두드러진 차이가 나타난다는 것이다. 1957년 11월 2일《동아일보》에서 경기고교와 배화여고의 문예반 활동을 취재한 기사는 남녀학생 간의 차이를 보여주고 있어 흥미롭다.[17]

기사에 따르면 남녀학생들 모두 문예반 활동을 통해 문집도 발간하고 낭독회나 합평회, 강연회를 개최하며 문예창작과 문학감상을 공유한다고 답했다. 그러나 진지하게 문학을 전공으로 선택하고 싶다고 응답한 학생 수는 남학생(경기고)은 40명 중 10명 이내에 그쳤지만, 여학생(배화여고)은 거의 모든 학생으로 나타났다. 이러한 차이는 문학을 감상하는 태도에도 나타나는데, 남학생의 경우는 문학 외에도 철학, 음악, 미술 등에 두루 관심을 가지고 세계적 문제에 대한 "광범위한 지식"을 얻고 싶다고 말한다. 이는 문학이 다른 예술 분야와 함께 학생 시절의 견문을 넓히기 위한 교양의 한 분야로 인식되고 있음을 알 수 있다. 그러나 여학생의 경우는《현대문학》,《문학예술》,《자유문학》등의 문예지를 주로 읽는다고 하며 문학중심의 독서경향이 두드러졌다. 문학을 통해 "현대 감각과 전쟁문학을 통한 평화에의 지향을 생각하고", "새로운 것과 실제적인 것에서 진리를 찾아내고" 싶다는 여학생들은 문학감상의 목적을 삶의 문제 해결을 위한 성찰에 두고 있어 남학생들과 뚜렷한 차이를 보인다.

즉, 남학생들보다는 여학생들이 문학에 대한 선호도가 두드러졌을 뿐만 아니라 남학생들의 경우는 문학을 학창 시절의 취미활동으로 여기고 있었던 것에 반해서 여학생들은 졸업 후에도 꾸준히 공부하여 전공으로 삼고 싶다고 하여 문학이 단순한 취미활동 이상의 의미로 여겨지고 있었음을 보여준다. 이러한 여학생의 문학취미는 문예반과 같은 특정 집단에 한정된 것이 아닌 여학생의 전반적인 경향으로 보인다.

신문과 잡지에서 여학생의 독서경향을 조사한 내용을 살펴보면, 여학생들이 가장 왕성하게 독서를 하는 시기는 주로 중학교 3학년에서 고등학교 1학년 사이이고, 가장 많이 읽는 것이《현대문학》,《여원》,《사상계》이며, 주로 문학에 편중된 독서경향이 나타난다.[18] 잡지 외에도 여학생들이 즐겨 읽는 소설목록에 앙드레 지드의《좁은 문》, 토마스 하디의《테스》, 펄 벅의《숨은 꽃》이 빠지지 않고 등장하는 것도 이러한 여학생들의

독서취향을 엿볼 수 있는 부분이다.[19]

인용된 기사의 표본이 여학생 전체를 대상으로 한 것은 아니지만, 일반적인 여학생의 독서취향을 대표하는 결과로 분석된 것으로 보아 당시 여학생 일반의 독서취향은 위 조사결과를 크게 벗어나지 않았을 것으로 보인다. 문학은 특별한 배경지식 없이도 이해할 수 있는 읽을거리이기도 했지만 무엇보다도 소설 속의 사랑과 결혼, 연애에 관한 이야기는 사춘기* 여학생들의 감수성을 자극하기에 충분했다.

6. 문학소녀들의 잡지 《女學生》

한편, 자신의 독서경험을 적극적으로 표현함으로써 다른 학생들과 공유하고 싶어 하는 경향은 여학생의 독서경험에서 더욱 두드러졌는데, 해방 후 창간된 최초의 학생잡지 《女學生》의 성공은 독서 및 문예활동에 대한 젠더화 경향을 시사하고 있어 눈여겨봄직하다.

1949년 11월에 창간된 잡지 《女學生》은 박목월이 이화여고 교사로 재직하면서 얻은 경험을 바탕으로, 평소 친분이 있던 황윤섭(葵圃), 윤계현(尹伯)[20]과 함께 김재인의 재정지원을 받아 창간한 잡지였다.** 《女學

---

* 당시 기사를 보면 사춘기를 13~21세까지로 간주하고 있으나 주로 10대를 지칭하고 있다. 〈현실과 10대의 이기주의〉, 《동아일보》, 1956. 5. 6; 〈사춘기의 감정교육: 경계해야 할 억압〉, 《조선일보》, 1959. 8. 2.

** "필자(박목월)도 그 당시에 두세 가지 잡지에 관계하고 있었다. 하나는 필자가 직접 경영하는 《女學生》이나 《시문학》이요, 다른 하나는 문총에서 발행하는 《민족문화》였다. 전자는 김재인(金在寅: 여학생 題字 담당)씨의 도움으로 광화문에 의젓한 사무실을 가지고 있었다." 박목월, 《누구에게 추억을 전하랴》, 고려원, 1987.

《女學生》1950년 4월호의 지면들. 왼쪽 위부터 시계방향으로 〈소녀교양독본〉, 〈소녀시세기〉 〈세계명작소녀〉.

문학소녀의 탄생

生》은 기존의 아동잡지와 문예지에서는 충족시킬 수 없었던 여학생의 글쓰기 욕구를 반영한 편집과 여학생의 관심사인 우정, 꿈, 사랑, 학교생활, 졸업 후 진로 등을 다루어 여학생 독자들의 전폭적인 지지를 받으며 성장할 수 있었다. 1949년 11월 창간호부터 1950년 4월까지 4개호만 전하고 있어 이후의 내용을 확인할 수는 없지만, 당시《女學生》의 인기는 상당했고 판매부수도 다른 여성잡지에 비해 월등했던 것으로 보인다.* 비록 경영 미숙으로 인해 잡지발간이 오래 지속되지는 못했지만,《女學生》은 해방 후 발간된 최초의 여학생 전문잡지로서 이후 학생잡지의 좋은 전범이 됐다.《女學生》의 가장 두드러진 특징은 독자의 적극적인 참여를 장려하고 있다는 점이다. 특히 4호부터 〈소녀의 노래〉, 〈세계명작소녀〉, 〈소녀시세기〉, 〈세계의 소녀〉, 〈소녀교양독본〉 등 본격적으로 '소녀'라는 표제를 단 글들이 늘어나기 시작하는데,** 이는 여학생 독서공동체를 소위 '문학소녀'로 통칭하여 규정하고 있었음을 알 수 있다.

《女學生》의 독자참여 지면을 보자면, 창간호에는 학생의 창작 작품을 소개하는 〈백합집〉과 〈독자통신란〉만으로 운영되던 것이 2호부터는 여학교 졸업생의 생활상을 소개한 〈그 후 소식〉이 추가되고, 3호에서는 〈백합집〉 지면이 확대됐을 뿐 아니라, 학생작품에 대한 다른 독자의 평이 추

---

* 《경향신문》 출판국에서 발행하는 《부인경향》이 1,500부 정도의 발행 부수를 가지던 그때에 《女學生》은 25,000부를 발행하였다. 그리고 한 부의 반품도 없었다." 위의 책.

** 《女學生》은 창간 당시부터 '소녀잡지'로서의 정체성을 전면에 내세우며 출발했다. "《女學生》잡지라기보다는 소녀잡지를 해보았으면…… 하는 것이, 나의 많은 꿈 가운데, 한가지였읍니다. 왜냐하면, 소녀가 지닌 순결과 찬란한 꿈을 곧 내가 가장 그리워하기 때문입니다. / 맑은 꿈이 소복히 어렸던 잡지……. 이것은 우리 잡지의 단 한 가지 목표입니다. 그냥 여러분의 꿈을 우리는 정리하고 순화시키고 한결 더 투명한 것으로 영롱히 만들려 합니다. 기리 애호해주시압. (月)" 〈編輯室〉, 《女學生》 창간호, 1949. 11.

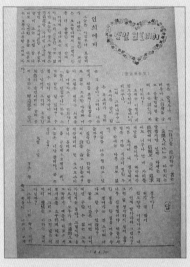

《女學生》의 고정 지면인 〈넷잎 크로버어〉는 여학생 간에 주고받은 편지를 공개하는 것으로, 친밀하고 사적인 글쓰기를 공유하는 효과가 있었다.

《女學生》은 〈백합모임〉이라는 독자통신란을 활용하여 편집부와 독자, 독자와 독자 간의 소통을 적극적으로 유도했다.

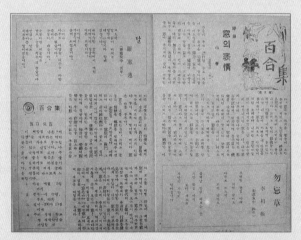

《女學生》의 〈백합집〉은 독자문예란으로, 여학생들이 투고한 수필·콩트·시 등을 소개한 것이다. 독자들은 〈백합모임〉에서 〈백합집〉에 수록된 글을 읽은 소감을 공유하며 문학소녀로서의 독자공동체를 형성해갔다.

가되어 〈백합모임〉이라는 독자후기가 확대 편성됐다. 그뿐만 아니라 독자문예에 대한 기성작가의 선후평이 추가되기도 했다. 이러한 편성은 당초 편집진이 예상했던 것보다 독자의 참여가 폭발적으로 이루어졌기 때문에* 변화된 것인데, 문예활동에 대한 여학생 독자의 욕구가《女學生》을 통해서 독자와 독자, 편집진과 독자, 저자와 독자 간의 소통의 장을 마련했다는 의미가 있었다.** 이로써 개인의 취향과 정서를 잡지라고 하는 공적인 매체에 표현함으로써 개인의 사적 경험으로 파편화되어 있었던 여학생은 공통된 독서취향과 정서를 지닌 여학생독서공동체로 공식화된다. 독자들은《女學生》을 통해 문학에 대한 낭만적 동경과 센티멘털한 감각, 여학생 시기라는 특정한 시간적·공간적 경험을 공유함으로써 '문학소녀'라는 문예공동체를 형성하게 된다.

이후 '학력과 계층을 초월한 여성 전체의 교양지'를 표방하며*** 창간된《女性界》가 창간호 특집으로 〈전국 여학생 문예리레-〉를[21] 구성한 것이나, 여학생의 독서와 글쓰기를 지속적으로 지면구성에 반영한 것은, 문예공동체로서의 문학소녀들이 이후 여성지의 편집방향과 상호작용을

---

* "또 백합집실은 이번달에 뜻밖에도 찾어주신 손님이 많아서 접대에 곤란이였읍니다만 방을 늘리지요. 다음호에도 옥고를 많이 보내주시옵기를 고대합니다. 다음달에도《女學生》이 여러분의 참다운 맘의 양식 꿈의 벗이 되도록 만가지 力을 해볼 작정입니다. (R生 올림)" 〈編輯室〉,《女學生》, 1950. 3.

** 여학생의 글쓰기에 대한 관심과 욕구를 반영하는 또 다른 사례는 '여학생 문장강화'류 서적의 꾸준한 출판이다.《여학생문학독본》(박목월, 영웅출판사, 1952),《여학생문예작품집》(박승훈, 평문사, 1954),《여학생 문장강화》(임옥인, 신광사, 1959) 등은 여학생의 글쓰기 규범을 별도의 영역으로 제시함으로써, 글쓰기의 젠더화가 이루어지고 있음을 보여준다.

*** "本지는 모-든 區別없는 女성들의 健全과 敎養과 또한마음의 팃기없는 거울이되고저하며 모-든 女성들의 애낌없는 편달과 後援을 빌어마지 않는다. (…) 本지는 本지의 志向하는바 모-든 女성들에게 開放할것이며 (…)" 〈編輯後記〉,《女性界》, 1950. 7.

하면서 출판시장의 영향력 있는 독자층으로 존재하게 됨을 보여준다. 이러한 편집체제는 이후 본격적인 여성지의 시대를 열었던 《여원》(1955년 창간)과 《주부생활》(1956년 창간) 등에 지속되어 1950년대 여성 독자의 위상을 확인할 수 있게 한다.

2장
소녀문학과 문학소녀의 망탈리테

1. 여고생 작가에서 소녀소설 작가로:
《하얀 길》, 《감이 익을 무렵》

1956년 신지식의 첫 소설집 《하얀 길》(산호장)이 출판되자 문단과 독서계는 드디어 본격적인 '소녀소설'이 나왔다고 반겼다. 이화여대 국문과를 졸업한 뒤 이화여고 교사로 재직하던 신지식은 여고생이었던 1948년 전국 여학생현상문예에서 입선한 소설 〈하얀 길〉을 포함하여 10편의 소설을 묶어 첫 소설집을 발간했다. 신인의 소녀소설로 문장의 세련이 뛰어나지만 전 작품에 다소 감상주의가 과도하다는 평가도 있었으나[1] 아동문학이나 성인문학과 구별되는 소년소녀문학의 성취를 보여주었다는 평가가 많았다. 김남조는 《하얀 길》이 "소녀의 심경에 핍진하고 소녀의 희로애락을 거울"처럼 비추어낸 글이라 논평했고,[2] 강소천 또한 여학교의 교사인 작가가 가까이에서 생생하게 관찰한 여학생들의 이야기를 작품 속에 녹여낸 점을 높이 평가하며, 소재와 주제 차원에서 소년소녀소설의 구체성을 작품에서 분명하게 보여준 것은 상당한 의의가 있다고 고평했다.[3]

당시 《하얀 길》을 소녀소설로 분류하는 장르 인식은 여학생 시절에 문학소녀였던 작가가 다시 여학교의 교사가 되어 여학생들의 이야기를 그려냈다는 점에 근거하고 있다. 정한숙의 말처럼 "작가가 소녀의 세계 속에서 또는 소녀의 세계를 바라보며 살아온 탓에 전편을 통해 청신한 소녀들의 얼이" 생생하고 절절하게 그려지고 있다는 것이다.[4] 《하얀 길》의 성공 이후 1958년에 발표된 두 번째 소설집 《감이 익을 무렵》(성문각) 또한 순수한 여학생들의 성장서사를 그리고 있다는 점에서 소녀소설의 장르적 특징이 잘 나타난다고 평가됐다. 즉, "소녀만을 응시하여 그 세계를 그린 작품"이자, "문장과 용어 자체가 소녀에 무르녹은 것"으로 꿈 많은 소녀 독자뿐만 아니라 "세파에 휩쓸리는 모든 어른들에게" 영혼을 정화하는 아름다운 이야기라는 것이다.[5]

신지식의 소설에 대한 당대의 논평들은 '소녀소설 특유의 언어와 문장', '여학생 삶의 구체적이고도 생생한 묘사', '소녀 시절의 순수함, 맑음과 아름다움을 형상화'했다는 것으로 집약할 수 있다. 여러 작가들이 언급한 '소녀소설만의 언어와 문장'이란 신지식 소설의 상당수가 여학생의 고백체나 일기, 편지글 형식으로 쓰인 것을 뜻한다. 주로 중학교에 다니는 여학생들을 중심으로 친구 사이의 우정, 가족 간의 소소한 일화, 이웃이나 선생님과의 특별한 교유를 소재로 하되, 작품 전체가 일관되게 여학생의 시선에서 서술되어 있다. 그 때문에 한자어나 관념어·추상어보다는 중학생 수준의 쉬운 한글표현을 위주로 하고, 소설의 상당 부분을 차

신지식의 소설집 《하얀 길》(1960년 성문각 판). 이화여고 교사였던 신지식은 문학소녀를 위한 소녀소설을 발표하며 여학생들의 사랑을 받았다.

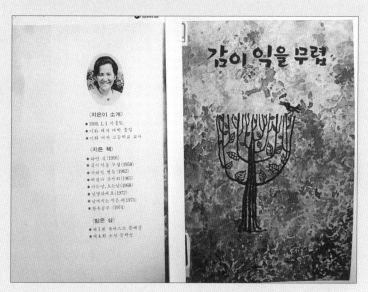

신지식의 소설집 《감이 익을 무렵》(1975년 성바오로출판사 판)의 표지와 작가 소개.

지하는 주요 등장인물 간의 대화는 친밀하고 다정한 여학생의 말투로 표현됐다. 소설 속 여학생들은 대체로 수줍음이 많고 내성적이며 다정다감한 성격의 인물들로 그려진다. 또한 주된 사건들은 친구 간의 오해와 화해, 이해심 많은 선생님의 보살핌으로 내적 성장을 하게 되는 여학생들의 이야기이다. 여학교를 배경으로 사춘기 여학생들이 겪을 법한 일상적 사건을 소재로 이들의 내적 성장 과정을 섬세하게 묘사한 신지식의 소설들은 당시 중고생들에게 '마음 놓고 추천할 수 있는' 소설로 손꼽혔다.

신지식의 소설집을 "어린 동생이나 조카들에게 읽힐 수 있는 작품"이자 "귀여운 자제에게 마음 놓고 읽힐 수 있는 작품집"[6]으로 추천한 정한숙은 제대로 된 아동문학이나 소년소녀문학이 없는 현실에서 걱정 없이 읽힐 수 있다는 점을 신지식 소설의 가장 큰 미덕으로 간주한다. 실제로 1950년대 중반까지만 해도 해방 후 성장한 한글세대에게는 마땅한 읽을거리가 없었다. 일본어로 된 문학전집을 읽을 수는 없었기에 학생들의 왕성한 독서 열기는 몇몇 번역소설을 읽는 것으로 달랠 뿐이었다. 당시 학생잡지 《학원》의 흥행은 읽을거리가 전무하다시피 했던 한글세대의 현실과도 무관하지 않다.

고등학교 시절은 1950년대 중반 (…) 대부분 외국문학 번역소설만 읽고 살던 그때 참신하게 등장했던 《하얀 길》! 그 책은 읽을거리에 목마른 우리 청소년들에게 단비처럼 반가운 선물이었다. 그와 함께 쌍둥이로 떠오르는 《감이 익을 무렵》 (…) 이 두 권의 책은 전국 여고생들을 대번에 사로잡았다. 선생님은 그야말로 청소년 독서계에 혜성처럼 나타나신 분이시다. 당시만 해도 아무나 쉽게 책 한 권 살 수 있는 여유가 없던 때라, 누군가 이 책을 사면 행여 표지가 잘못될까 곱게 싸서 돌리고 돌리며 읽었던 것 같

문학소녀의 탄생

다. 그때 한참 문학소녀로 꿈을 키우던 나는, 몇 번을 망설이다가 선생님께 독자의 편지를 썼다.[7]

단순히 읽을거리의 절대적 부족을 넘어서 문학 분야에서는 중고생 독자층을 겨냥한 장르가 특화되어 있지 않았다. 전술한 바와 같이 아동을 대상으로 하는 아동문학과 일반 성인을 대상으로 하는 문학은 있었지만, 문학 수요가 급증한 중고생의 눈높이에 맞는 추천 작품이 많지 않았던 것이다. 특히 여학생들의 독서지도는 엄격하게 이루어진 것으로 보이는데, 일부 여고에서는 학교에서 한국문학전집을 읽다 걸리면 엄벌에 처하기도 했다. 한국소설 중에는 미성년인 청소년 독자(더 구체적으로는 여학생 독자)가 읽기에 부적합한 내용이 있기 때문에 아예 못 읽게 했다는 것이다.

이무영: 모 여고에서는 학생이 한국문학전집을 읽다가 들키면 엄벌에 처한다고 하는 거예요. 그런데 왜 그러냐고 물어보니까 한국문학전집에는 나쁜 소설이 많이 들어있다. 그러니까 읽은 것을 일일이 검사할 수 없으니까 일절의 한국문학전집은 읽지 말아라, 이렇게 되어 있다고 그래요. 그런데 책을 몰래 책상 속에 넣고 읽는데 들키면 책까지 압수를 하고 엄벌에 처하는 모양인데 그것이 무엇하다 말이에요.[8]

소녀소설집이라는 장르로 발표된 신지식의 소설집은 새로운 독자층의 수요를 고려한 문학 장르의 확장이라는 의미에서 문단과 독서계의 환영을 받았다. 잘 다듬어진 문장과 여학교를 배경으로 여학생들의 순수함을 소재로 한 소설이라는 점과 작가가 여학교의 여교사라는 점에서 신지식의 《하얀 길》은 독서열이 높은 여학생 독자들에게 안전한 읽을거리라고 여겨진 것으로 보인다. "귀여운 자제에게 마음 놓고 읽힐 수 있는 책"이라는 추천사는 이러한 맥락에서 이해될 수 있다.

신지식 소설에 묘사된 여학생 시절은 어른이 되어서도 간직하고 있는 순수한 영혼의 시절로 묘사된다. 그리고 그 순수한 시절의 기억은 좋은 어른으로 성장하는 과정이 된다. 〈고슴도치 선생〉의 소녀가 상급생이 되어서도 소중하게 간직하는 붉은 찔레꽃 열매, 〈목걸이〉의 어머니가 여학생 시절 친구와의 우정으로 간직하고 있는 빛바랜 낡은 목걸이, 〈분홍 조갑지〉의 숙경이 선이와 끝내 화해를 못한 채 헤어져 아쉬움과 회한으로 간직하고 있는 분홍 조개껍데기는 모두 순수했던 시절 소녀들의 맑은 영혼을 의미한다. 이들은 상급생이 되거나 결혼하여 아이를 낳은 뒤에도 자신의 순수성을 잊지 않으려는 마음으로 이 물건들을 간직하고 들여다본다. 이러한 행위는 전쟁과 가난과 복잡한 세상살이로 "어른이 되었다"는 생각에 빠져들 때, 잊고 있던 어린 시절의 꿈을 상기하는 매개가 된다. 소설 속 소녀들은 이로써 순수함과 아름다운 꿈을 간직한 다정하고 자애로운 어른으로 성장하고자 다짐하게 되는 것이다.

그러나 소설 속 여학생 시절이 결코 걱정 없이 행복으로 충만한 시기로 그려지는 것은 아니다. 오히려 소설의 여학생들은 저마다의 말 못할 사연으로 오해를 받거나, 온전히 소통할 수 없어 속앓이하고 슬픔에 빠져 있는 모습이다. 〈아카시아〉의 미화는 가장 친한 친구인 현희에게 자신의 가정사를 솔직하게 말하지 못한다. 먼 옛날 아버지는 미술 공부를 위해 불란서로 떠난 뒤 부유한 외가에서 걱정 없이 자랐다던 미화가 사실은 술집을 하는 홀어머니와 살고 있다는 말을 전해들은 현희는 자신에게 거짓말한 미화에게 배신감을 느껴 멀리하게 된다. 책읽기를 좋아하고 작문 시간을 좋아하는 문학소녀인 미화는 현희와 서로의 꿈을 이야기하며 우정을 나누었지만, 차마 자신의 아픈 가족사를 현희에게 솔직하게 말하지 못한 채 학교를 떠나게 된다. 미화가 병을 얻어 요양하던 중 세상을 떠났다는 소식을 한참 뒤에야 듣게 된 현희는 깊은 슬픔에 잠겨 자신만의 방식으로 삼청동 아카시아나무 밑에서 미화의 명복을 빈다. 미화도, 현희도, 서로를 가장 좋아했지만 정말 전하고 싶은 말은 하지 못한 채 돌이킬 수 없는 이별을 하고 만 것이다. 미화는 자신의 처지를 솔직하게 말하지 못했던 이유를 작문선생에게 쓴 편지에 고백한다. 작문선생은 미화의 편지를 교지에 실어서 현희를 비롯한 다른 학생들이 읽을 수 있게 공개한다. 편지에서 미화는 서글픈 현실을 잊고자 꿈을 꾸었고 그것을 현실로 믿고 싶어 했던 자신의 간절함이 그런 거짓말을 만들었노라 말한다.

> 선생님, 저는 꿈을 현실화하려고 했나 봐요. 그래서 그는 저에게서 떠나가 버렸습니다. 아무 변명도 필요 없었고, 하지도 않았습니다. 오직 제가 할 수 있었던 것은 여름날의 매미같이 혼자 우는 것이었습니다. 선생님, 저의 생각은 그릇된 것이었을까요? 그러나 선생님, 저는 꿈이 없으면 하루도 살지 못했을 것입니다. (…) 선생님, 마음이 나쁜 소녀의 죽은 영혼이 아카시아꽃으로 변했다는 이야기를 아십니까? 소녀의 꿈이야 어쩔 수 없습니다. 그런데 모두들 거짓말쟁이라고 나쁘다고 하였습니다. 소녀는 드디어 그러한 사람들의 저주에 말라죽어 버렸습니다. 가엾게 죽어버린 소녀는 죽어서 아카시아꽃이 되었습니다.[9]

〈살얼음이 풀리는 날〉의 생물교사인 '나'도 여학생 시절 담임선생의 오해를 받아 큰 상처를 입은 기억이 있다. 아버지를 여읜 '나'를 위로하고자 카나리아를 선물한 담임선생은, 일주일 만에 새가 죽게 되자 마치 '나'가 새를 죽였다는 듯 힐난한다. '나'는 담임선생의 오해가 억울했지만, 해명하지 못하고 돌아 나올 뿐이었다. 호의와 힐난을 일방적으로 표현하는 담임선생에게 이렇다 할 자기변호도 하지 못한 '나'는 그날의 상처로 인해 마음을 굳게 닫은 냉정한 생물교사가 됐다고 술회한다.

어떤 날 나는 그 선생님의 초대를 받아 댁에 가게 되었다. (…)
"아- 참, 널 오라구 부른 건 다름이 아니라 너두 아버지가 돌아가시구 퍽 외로울테니까 동무를 주려고…… 이 노란 카나리아를 가지고 가라, 제법 위로가 된다."
카나리아가 온 후 그 새는 동무가 되기는커녕 더욱 슬프기만 했다. 그리고 일주일이 지난 저녁에 잠자듯이 한 마리가 죽어버렸다. 나는 한 마리만이 덩그렇게 남은 새를 보다못해 이튿날로 새초롱을 들고 다시 선생님댁에 갔다.
"뭣 죽었어! 아니 얼마나 무관심했으면 죽었을라구. 가엾어라…… 사람만 아는 것들한테 준 게 잘못이지……."
마치 내가 일부러 죽이기라도 한 것처럼 선생님은 화를 내시는 것이었다. 말 한마디 못 하고 나는 돌아왔다.[10]

〈코스모스와 담배꽁초〉에서 미영이 받은 오해는 비교적 가벼운 촌극으로 벌어진다. 이웃의 가난한 노인이 담배꽁초를 주워 피우는 것을 본 미영은 할아버지에게 새 담배를 만들어 선물하려고 한다. 미영은 며칠 동안 코스모스를 꺾어 정성껏 말린 담뱃가루를 노인에게 기쁜 마음으로 선물했지만, 코스모스 담배를 피운 노인은 서글픔에 가득한 눈으로 미영을 원망한다. 속이려고 그런 것이 아니라는 말이 미영의 가슴에서는 반사적으로 외치고 있었지만, 미영은 끝내 진심을 말하지 못한 채 울면서 도망치듯 고개를 뛰어갈 따름이다.

"에이 팻!"
하고, 뱉어버린 할아버지는 화에 치밀린 얼굴로 미영이를 보았으나, 다음 순간
"미, 미영아, 너 날 속였구나. 그럼 못 써!"
원망에 가득 찬, 아니 그것보다도 서글픔에 가까운 눈초리로 얼굴을 찡그렸다.
"속이려고 그런 게 아니야! 속이려고!"
미영이 가슴에서는 반사적으로 이렇게 외쳤으나, 그 말은 입 밖으로 나오지 않아 홱 돌아서 아까 내려온 고개를 뛰어 올라오고 말았다.
미영이는 새삼스럽게 울고 싶은 충동을 억제할 수가 없었다. 그의 머릿속에는 아직도 그 할아버지의 일그러진 눈초리가 사라지지 않았고, 그것보다 그의 위대한 공상이 너무나 보잘것없이 사라진 것이 슬펐던 것이다.[11]

소설 속 소녀들은 속내를 시원히 드러내지 못한 채 오해를 받거나 소통의 어려움으로 상처받아 울고 싶은 마음을 혼자서 감내한다. 이들은 항변하고, 해명하고, 주장하기 위한 자신의 언어를 갖지 못했기 때문에 외부와의 소통은 늘 단절되거나 의도와 다르게 왜곡되어버린다. 이러한 소녀들의 내면은《감이 익을 무렵》의 수록작 〈해바라기〉에서도 엿볼 수 있는데, 6·25로 가족을 잃고 보육원 생활을 하는 은경의 심경에 구체적

으로 드러난다. 보육원의 후원자들은 총명한 은경에게 서울의 여학교로 진학할 것을 권하며 훌륭한 사람이 되어야 한다고 말한다. 그러나 은경이 가족을 잃고 마음 둘 곳 없이 보육원 생활의 외로움을 혼자 견뎌야 하는 현실은 눈여겨보지 않는다. 후원자들에게 은경은 나라의 훌륭한 인재를 양성한다는 보람으로 여겨질 뿐, 은경의 감정과 처지에 관한 공감은 나타나지 않는 것이다. 고관 부인 클럽의 후원으로 은경은 서울의 여학교에 진학하게 됐지만, 부인에게 굽실거리며 "사모님의 높은 뜻을 받들어 힘껏 키워 보겠"다는 교장이 "열심히 공부해 사모님의 은혜에 보답하라"[12]고 하자 은경은 마음속 깊이 반발심을 느끼며 냉소한다.

아마 그 부인도 지금쯤은 도와준 나를 후회하고 있을 것이라고 생각되었다. 어렸을 때부터 언제나 싫게 생각해온 것이었지만 사람들은 왜 자기네 마음대로 다른 사람을 규정지어 버리는 것일까 하는 것이었다.[13]

은경은 후원자들의 만족과 보람을 위해 그들의 시혜에 감사하며 유순하고 모범적인 학생이 되어야 하는 상황에 강한 반감을 갖는다. 자기 삶의 선택권을 갖지 못한 채 타자의 역할을 강요받는 것은 굴욕적으로 느껴졌기 때문이다. 학년이 오를수록 은경은 그들의 기대를 충족시키고 싶지 않아 의도적으로 나태하고 소극적인 학교생활을 이어간다. 결국 은경은 기숙사의 정례기도회에서 자신의 기도차례가 돌아온 날 충동적으로 가출하여 보육원으로 돌아온다. 다행히 기숙사 사감선생의 노력으로 다시 학교에 돌아오게 됐으나, 은경은 졸업 보류 처분을 받는다. 그러나 생애 처음으로 저지른 충동적 일탈은 은경의 마음에서 응어리를 털어 내고 후련함을 느끼는 계기가 된다. 자신의 선택에 따른 결과를 처음 경험했기 때문이다. 은경은 아무에게도 말할 수 없었던 우울과 굴욕감, 외로움을 이 사건으로 해소할 수 있었던 것이다. 신지식의 소설 속 소녀들 중 유일하게 적극적으로 자기를 표현한 인물이 〈해바라기〉의 은경이다. 소설 속의 다른 소녀들이 '울고 싶은 마음', '슬픔'을 토로하며 쓸쓸한 결말을 맞은 것과 달리 은경이 "한 번도 가져보지 못한 행복감"을 느끼는 것은 자신의 욕망과 의지에 따른 선택을 경험했기 때문이다.

졸업 사정회가 있던 날 저녁, 늦게 돌아오신 사감 선생님의 방에 불리어가 결국, 졸업 보류로 결정되었다는 이야기를 들은 나는 이상하게도 마음이 가벼워짐을 느꼈다. 이튿날 나는 교장 선생님 방에 들어가 참 뜻으로 지금까지의 행동에 용서를 구했다. 그리고 일 더 할 것을 원했던 것이다. 지금 나의 마음은 지난날에는 한 번도 가져보지 못한 행복감에 가득 차 있다.[14]

소설 속 다른 소녀들이 토로하는 '울고 싶은 마음', '말할 수 없는 슬픔', '외로운 울음'은 소통의 단절과 왜곡에서 느끼는 좌절감의 또 다른 표현이다. 이들은 자신의 진심을 전하고, 말할 수 없었던 사정을 설명하고 싶지만 소녀들의 간절한 심경은 대수롭지 않게 여겨지거나 오해되어 팅겨버릴 뿐이다. 소설 〈개장국〉에서 가족들의 사랑을 듬뿍 받던 암캐 '테스'가 병에 걸려 집을 나갔을 때에도 정희만이 애가 탈 뿐 가족들은 잔인하리만큼 무심하다. 병들어 볼품없어진 개를 보는 것도 불편한 일이라며 차라리 집밖에서 죽는 것이 더 낫다는, "울고 싶으리만큼 냉정하고 태연"한 어머니의 무심한 말에 정희는 절망한다. 끝내 차에 치어 죽은 테스를 이웃의 개장국 장수가 들고 가버렸다는 비극적 소식에 정희는 홀로 슬퍼하며 이 모든 일이 '테스'라는 비극적인 이름을 지은 자신의 탓이라 생각한다. 정희를 제외한 소설 속 모든 인물들은 그저 병든 개 한 마리의 죽음쯤은 대수롭지 않게 여긴다. 그런 냉정하고 무심한 가족들 속에서 홀로 절망하고 초조해하고 죄책감마저 느끼는 정희의 심정은 그 어떤 누구와도 교감하지 못하고 튕겨버린다.

신지식의 소설 속 소녀들 대부분은 정희처럼 마음속 간절한 진심을 알아줄 사람을 찾지 못해 괴로워한다. 미영, 현희, 미화 등 소설 속 소녀들은 진심으로 교감하고 비밀을 공유할 대상을 간절히 찾는다. 단짝 친구나 좋아하는 선생님과의 특별하고 내밀한 친밀감의 경험은 소통에 대한 소녀들의 갈증을 해소하는 방법이 된다. 소녀들은 일기의 공유, 편지 등의 글쓰기로 아무에게도 말할 수 없었던 자신의 내면을 표현하고 소통을 실천한다. 이들에게 글쓰기는 단순한 비밀의 공유, 자기표현을 넘어서 자신의 심경을 표현할 언어를 갖고 싶은 간절함의 발로이기도 하다. 이들의 글이 일기와 편지의 고백적 문체를 선호하면서도 시나 소설과 같은 문학적 글쓰기를 의식하고 있었다는 것은, 소녀들에게 문학이 자기구성의 글쓰기로 실천되고 있었음을 의미한다. 이들에게 문학은 단편적인 취미 이상으로 자기표현의 간절함, 소통의 간절함, 자신의 언어를 갖게 됨으로써 자기정체성을 형성하고자 한 간절함이었다. 소설 〈아카시아〉에서 작가가 되고 싶다는 미화의 말은 소녀들의 글쓰기가 어떤 의미였는가를 짐작케 한다.

"나는 말이야, 글을 쓰는 사람이 되었으면 한다……. 책을 읽을 때가 난 제일 행복한 것 같아. 잠자코 아무에게도 마음 쓰지 않아도 되고 (…) 나도 인제 커서 꼭 아름다운 글을 쓰는 사람이 되겠다하고 결심을 했어. 서글픈 소녀들에게 용기를 주고 꿈을 잊지 않게 해주는 좋은 글을 쓰고 싶어

(…) 내가 안타까이 알고 싶어 하고 듣고 싶어 하던 그런 이야기를 우리와 같은 친구들에게 나누어 줄 수 있는 글을 쓸 수 있었으면 얼마나 보람이 있을까. 책방마다 내 책을 사러 오는 소녀들 (…) 현희야, 내 생각은 하늘의 별 따기와 같이 허망한 꿈일까…… 그렇지만 난 꼭 이 꿈을 이루고야 말 테다……."[15]

2. 문학소녀의 베스트셀러: 《돌아온 미소》, 《소라의 꿈》

1961년 두 문학소녀의 창작집이 연이어 발표된다. 중학교 3학년 학생이 쓴 소설 《돌아온 미소》와 소아마비로 학교교육을 전혀 받지 못한 열일곱 소녀의 시집 《소라의 꿈》이 그것이다. 이 둘은 아마추어 작가이자 10대 문학소녀라는 점에서 세간의 주목을 받았다.

양인자의 《돌아온 미소》[16]는 15세 소녀의 소설로, '한국의 사강'이 탄생했다는 미디어의 찬사와 함께 세간의 주목을 받는다. 부산에서 출판된 지 일 년도 안 되어 소설은 5판 인쇄를 거듭했고 서울에서도 출판되어 "놀라운 문학적 재질"을 인정받았다.[17] '한국의 사강', '문학소녀의 장편소설'이라는 매력적인 마케팅 요소와 정비석·마해송 등 기성작가의 고평으로 부산지역에서는 출간 직후부터 상당한 화제가 되어 부산 문화방송국에서는 22부작 라디오 드라마로 방송되기까지 했다.

소설은 부모를 여의고 언니 '현주'와 둘이 살고 있는 국민학생 '수연'의 우정과 꿈을 다루고 있다. 일찍이 아버지를 여읜 수연은 한 해 전 어머니마저 돌아가시자, 부모 잃은 슬픔과 외로움을 감추며 홀로 괴로워한다. 대학공부도 포기하고 수연을 돌보는 언니 현주의 살뜰한 보살핌에도, 어린 시절부터 함께 지낸 친구 경숙과의 명랑한 우정에도, 수연의 깊은 상실감과 외로움은 해소되지 않는다. 노래에 소질이 있는 수연은 교내외 대회에서 수상한 실력을 인정받아 서울에서 열리는 '전국 어린이 음악 콩쿠르' 대회에 참가하게 된다. 수연은 독창 부문에서 1등을 하며 언론의 주목을 받고, 편지만 주고받던 서울 친구 '인옥'과 연락이 닿아 인옥 가족의 환대를 받으며 행복한 서울 여정을 마친다. 부산으로 돌아오는 기차에서 수연은 자신을 질투하던 경란과 화해하고, 오해로 토라졌던 친구 경숙이 부산역에서 꽃다발을 들고 반갑게 손을 흔드는 모습을 행복하게 바라보며 소설은 끝난다.

《돌아온 미소》는 15세 작가의 소설인 만큼 주된 내용으로 국민학생들의 갈등과 우정을 다루고 있다. 어린이들 사이의 미묘한 질투와 친소 관계에 따른 심리의 긴장감이 인상적으로 묘사되어 또래문화가 생동감 있게 제시된 점이 특징적이다. 흥미로운 것은 소설에 등장하는 수연의 글쓰기 장면이다. 수연은 시를 쓰거나 일기를 쓰면서 자신의 내면을 표현하는데, 주로 부모님을 여읜 상실감과 슬픔을 토로한다.

잊어야 했습니다. / 아빠의 생각도 엄마의 환상도 / 나를 울려주는 건 / 죄 다 잊어야만 했습니다. / 아련히 떠오르는 앳된 생각이 / 가슴을 가슴을 문질러 줍니다. // 잊어야 했습니다. / 모든 것을…….
머리에선 눈물 속에 쌓인 뒤죽박죽의 시 같은 것이 떠올랐다. 입속으로 다시 한 번 뇌어 보았다.[18]

5월 ×일
어머니! 전 하루 중에서 일기 쓸 때는 눈물이 막 솟구치지만 그래도 제일

기쁘답니다. 보통 때는 언니의 귀와 눈이 무서워서 어머니를 부르지도 못하지만 일기장 속에서는 마음대로 어머니를 부를 수 있거든요. 어머니! 어머니 생각만 하면 왜 이렇게 울고 싶을까요? 학교에 가면 저를 고아라고 경란이가 놀리지만, 전 어머니가 어디서 저를 꼭 기다리고 계실 것만 같아서 경란이 계집애 앞에선 울지 않는답니다.[19]

수연은 자신의 음악적 재능을 질투한 경란이 고아라고 놀린 사실을 아무에게도 말하지 못한다. 자신의 슬픔에 공감해줄 사람이 없기 때문이었다. 친구인 경숙은 부모님의 사랑을 듬뿍 받는 외동딸이라 수연의 처지를 이해하지 못하고, 언니인 현주는 수연의 슬픔과 상실감을 감정과잉으로 생각했기 때문에 공감보다는 짜증을 느끼고 있었다.

다 읽고 난 현주는 기다란 한숨을 쉬었다. 수연이가 쓴 글이라면 이제는 보기도 싫어졌다. 어머니 안 계신 슬픔을 주로 한 글이었기에 이제는 읽지 않기로 다짐 두며 원고지를 책가방 속에 넣(었다.) (…)
현주는 대문을 잠그고 방안으로 들어왔다. 수연의 손에는 갈기갈기 찢어진 편지 조각이 한줌 쥐어져 있고 흐느낌은 진정되었다.
(도대체 저건 왜 저렇게 속만 상하게 할까? 남의 신경만 바작바작 긁어주고.)
현주는 수연의 울음에 대해서 이제는 측은해 하기 보다는 신경질이 앞섰다.
"넌 도대체 무엇 때문에 청승맞게 울고 야단이니?"[20]

수연에게 글쓰기는 공감 받을 곳 없는 슬픔을 해소할 유일한 방법이자 거짓 없는 솔직한 마음을 기록하는 비밀스러운 행동이다. 수연의 일기가 어머니에게 보내는 편지형식으로 고백체 서술을 택한 것도 '솔직한 감정의 표현', '내밀한 비밀의 고백'이라는 글쓰기의 의미가 반영된 결과이다. 철부지 어린아이였던 수연은 겉으로 드러내지 않는 자신만의 내면을 비밀스럽게 간직하게 됨으로써 또래 아이들보다 조숙한 자아를 형성하게 된다. 비밀스러운 슬픔을 간직한 수연은 자기를 표현하고자 다양한 글쓰기(시, 편지, 일기)를 실천하면서 자신만의 언어를 갖고자 시도한다. 《돌아온 미소》의 작가이자 문학소녀인 양인자는 자신의 소설을 "글을 쓰지 않고는 배겨낼 수 없는 소녀의 넋두리"[21]라고 표현한다. 어린 시절에는 몰랐던 아버지의 부재, 집안의 가난을 깨닫게 되면서 "사소한 이런 일들이 나를 소극적으로 만들었고 엄마에게 하고 싶은 말도 오빠에게 하고 싶은 말도 내 맘 속에 집어넣고 학교에서 배운 글자로 끄적거려 보기 시작"[22]한 것이 소설의 시작이 됐다는 것이다. 소설을 쓴 양인자에게도, 소설 속 인물인 수연에게도, 글쓰기는 자신의 결핍과 상처를 깨닫게 된 조숙한 문학소녀가 자신의 내면을 고백하고 기록함으로써 자기표현의 언어를 갖고자 한 진지한 실천이었다. 문학소녀의 글쓰기를 순진한 독자의 과잉된 센티멘털리즘으로 일반화하기 어려운 이유가 여기에 있다.

《돌아온 미소》만큼의 인기는 아니었지만, 같은 해에 출간된 시집 《소라의 꿈》도 상당한 주목을 받으며 언론에 보도됐다. 서울 인성병원장의 딸인 백혜자는 소아마비로 인해 거동이 불편하여 세상 밖에 나가지 못하는 자신의 처지를 소라에 비유한 시집 《소라의 꿈》에서 장애로 인한 개인적 아픔과 세상을 향한 열망을 서른세 편의 시로 엮었다. '소라의 꿈', '해바라기 닮아', '자화상'의 3부로 구성된 총 33편의 시들은 완성도를 높이 평가할 만한 것은 눈에 띄지 않으나, 무학력자로서 정식 문학교육을 받은 적 없는 10대 소녀가 자신의 내면을 노래하고 정식 출판했다는

양인자의 소설《돌아온 미소》(문호사, 1961)의 표지와 수록된 작가 소개.

점에서 그 의미를 찾을 수 있다.

소라껍질처럼 돌돌말린 좁은 생활 속에서 창밖의 사람들과는 전혀 다른 기형적인 삶을 20년이란 짧지 않은 날을 보내왔으며, (…) 그 어느날인가 아카시아의 하얀꽃이 떨어지던 날부터 나는 시와 동무가 되고 내 피로한 혼이 조용히 시 품에 안식하게 될 때 비로소 슬픔을 소중하게 생각할 수 있게 되었습니다.

책상 앞에 앉으면 내 인생 노정의 지침이 되어 준 문학서적이 언제나처럼 시야에 들어오고 생의 긍정에서 오는 생명의 외침을 부각시킨 것이 드디어 《소라의 꿈》이란 형태를 갖추어 나의 책상으로 돌아오는 것을 보았을 때 나는 인간만이 가지는 가장 고귀한 의미를 발견했습니다. (…)

배우지 못한 나로서는 시라는 것이 무엇인가를 체계를 세워 뚜렷이 말할 수 있는 힘도 없으며 산다는 것이 무엇인가를 해명할 수도 없으나 (…) 날이 쌓여 가는 동안에 못다 얻은 빛을 얻게 될 것이라고 믿습니다.[23]

교사 오영원은 백혜자와의 인연을 소개하며 그녀의 시집 출간에 적극적인 지도를 한 것으로 보인다. 시집 말미에 그가 쓴 〈혜자 이야기〉에 따르면 백혜자는 만주에서 태어나 생후 8개월 만에 소아마비에 걸려 20여 년을 장애를 갖고 살아왔다고 한다. 어린 시절부터 거동이 불편하여 바깥출입은 물론 집 안에서도 마음 편히 움직일 수 없었던 백혜자는 아홉 살에 외삼촌이 챙겨준 상용한자 2000자와 한글을 배워 그 힘으로 책을 읽고 글을 쓰게 됐다는 것이다.[24] 시집의 〈머리말〉을 쓴 전봉건은 백혜자의 시를 "황무지에 피어난 기적"에 비유한다.

이 시집은 하나의 놀라움입니다.

시는 아직도 어려서 그 목소리나 몸짓이 서투르고 거북스럽습니다. 그러나 이 시집은 도시나, 기후가 좋은 풍경 속에 피어난 꽃이 아닙니다. 말하자면 황무지에 피어난 기적과 같은 꽃입니다.

이 시집이 하나의 놀라움인 까닭입니다. 황무지에서 피어나려고 얼마나 많은 노력을 기울였을 것이며 얼마나 고된 도정을 거쳤을 것이겠습니까. 아마도 그것은 치열한 전쟁과도 같았을 것이라고 짐작됩니다.[25]

시인 전봉건의 〈머리말〉과 교사 오영원의 〈혜자 이야기〉가 시집의 시작과 끝에서 백혜자의 개인사를 소개함으로써 독자는 시집 전체를 '장애를 가진 17세 소녀의 문학적 자서(自敍)'로 읽게 된다. 그녀 또한 언론인 터뷰에서 시집 출간의 배경을 자기정체성에 대한 성찰과 탐색의 과정을 엮어냈노라 말하고 있어서 시집《소라의 꿈》에 수록된 33편의 시는 모두 시적 화자를 작가인 백혜자와 동일시하여 읽는 것이 자연스럽다. 독자들 역시《소라의 꿈》을 신인작가의 창작집으로 읽기보다는 백혜자 개인의 이력에 더욱 주목했던 것으로 보인다. 출판 이후 백혜자에게 매일 10~20여 통의 팬레터가 쏟아진다는 기사에서는 "전국 각처의 선생님들도 많이 격려해주며 책도 더러 보내주고 있으나 대학생들의 편지가 제일 많다면서 일일이 답장해줄 수가 없다고 애석해한다"는 말을 전하며 많은 독자들이 백혜자의 '장애'와 '독학 출간'에 주목하여 '격려'와 '응원'의 반응을 보였음을 짐작케 한다.[26]

시집《소라의 꿈》에는 자신의 장애를 바라보는 사람들의 시선에서 받았던 상처와 육체적·정신적 고립의 경험이 드러나 있다. 그러나 이러한 현실인식이 단순히 자기연민이나 불행한 처지에 대한 한탄으로 흐르지

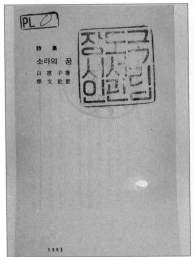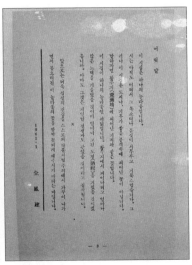

백혜자의 시집《소라의 꿈》(영문사, 1961)과 시인 전봉건이 쓴 머리말.

않고 "미와 진리의 세계를 희구할 수 있는 개성"[27]을 추구하며 문학 창작의 동기로 삼고 있음을 보여준다.

나는 벙어리가 되련다 / 어느 누가 무어라든 / 가난한 나를 위해서 / 벙어리가 되련다 // 성불사의 고요함을 / 그 누가 모르리요 / 다만 수평선 넘어 자리잡은 / 꿈을 위해서 / 나는 벙어리가 되련다 // 생의 압박에서 / 세대의 흐르는 맥박속에 / 한없는 시련과 학대와 동정을 / 즐비하게 늘어놓으며 / 담담하게 다물은 입가에는 / 항시 남을 비웃을 줄을 몰라라

ㅡ 백혜자, 〈벙어리〉

햇볕이 다양한 서가 / 작은 책상에 / 나는 가득히 책을 쌓아 놓았드라오 // 그리고 / 외론날도 / 나는 서가를 찾았고 // 입술을 깨무는 / 서러운 결

문학소녀의 탄생

심도 이 서가에서 했다오 // 외론날 슬픈날 / 찾아온 서가 / 한권 두권 내 들고 읽으면 / 호수처럼 가라앉는 마음하나 // 돌처럼 청수한 서가여 / 포 근히 감싸주는 내서가엔 / 오늘도 햇볕이 다양하다오

— 백혜자, 〈서가〉

배움을 모르고 스물해 가까운 길을 / 걸어왔다는 서글픈 이야기 // 참아 동정은 눈물겨워서 / 인생이란 물방울처럼 / 허무한 것이 아니라고 믿기 위해 / 죽도록 노력했습니다 // 날아가도 따를 길 없는 인생이지만 / 곱게 / 마음 속으로 다듬어서 / 씹어씹어 엮어가는 아름다운 이야기 // 노래는 / 하늘끝 닿는곳까지 / 헤아릴수 없이 넘나들지만 // 그래도 못다한 그리 움에 지쳐 / 기쁨이란 / 따로 있는 것이 아니라 / 보람속에 있다고요 // 석 상을 닮아버린 모습은 / 청자빛 하늘위에 / 꿈을 헵니다

— 백혜자, 〈자화상〉

시의 화자는 자신의 처지를 향한 학대와 동정의 시선을 느끼면서도 자신의 꿈을 위해 벙어리가 되겠노라 다짐한다. 진정으로 하고 싶은 말 은 침묵으로 대신한 채, 화자가 바라고 있는 꿈은 "곱게 마음속으로 다 듬어서" "아름다운 이야기를 노래하는 것"이었다. 백혜자는 외롭고 슬픈 마음을 위로해주던 책읽기의 경험으로 "철학이 무엇인지 시가 무엇인지 를 알지 못"하지만 글을 읽고 쓰는 시간을 통해 "진리를 찾아 나선 길"에 설 수 있었노라 말한다.[28]

《소라의 꿈》 수록 작품 중 〈벙어리〉, 〈서가〉, 〈자화상〉은 백혜자의 현실 인식과 자기정체성 탐색의 과정에서 문학이 어떤 의미였는가를 잘 보여 준다. 백혜자 시의 현실인식은 '결핍'과 '단절', '소통의 어려움'을 중심으로

한다. 소아마비로 인한 지체장애로 "사람들과는 전혀 다른 삶"을 살면서 정규교육을 못 받고 고립된 생활을 해야 했던 현실과 "정치를 전공하고 싶"을 만큼 세상에 참여하여 약동하는 현실의 삶을 살고 싶은 욕망 사이에서 '좌절'과 '비애'는 필연적인 것이었다. 그녀의 슬픔을 위로해준 것은 문학을 감상하고 창작하는 시간들이었다. 백혜자는 "시 품에 안식하게 될 때 비로소 슬픔을 소중하게 생각"하게 됐고, "미와 진리의 세계를 희구할 수 있는 개성"을 발견함으로써 문학이라는 "완전한 곳"에서 "끊임없이 나를 찾고 나를 알아 그대로 나 자신을 시 속에 넣어보고 싶은 희망"이 생겼노라 말한다.[29]

그녀에게 문학감상은 현실을 위로하는 방법이자 "미와 진리의 세계"를 상징하는 고상한 교양의 습득과정으로 이해된다. '진리', '문학', '예술' 등의 고급한 교양은 현실적 결핍을 초월하여 자기정체성을 고양시키는 근거가 된다. 문학과 교양 분야의 글 읽기와 글쓰기 실천은 백혜자 개인에게는 상처와 슬픔의 기록이자 성찰과 자기탐색을 통한 정체성의 확립, '진리탐구', '문학적 세계의 발견'이라는 고상한 가치를 추구함으로써 자아정체성의 고양을 경험한다는 의미를 갖는다. 〈자화상〉과 〈벙어리〉에는 자신의 슬픔을 노래함으로써 문학적 '진리'와 '아름다움'에 도달하겠다는 의지가 반영되어 있다. 이러한 백혜자의 글쓰기는 결핍된 자아가 문학을 통해 세상과 소통하고, 나아가 문학작품의 저자가 됨으로써 개인적 경험을 보편적 삶의 한 양상으로 이해하고자 한 의지로 이해할 수 있다. 이는 문학소녀의 글쓰기를 그저 '어리석은 필자의 과잉된 감상주의'로 치부할 수 없는 부분이기도 하다. 문학소녀의 글쓰기는 결핍되고 소외된 자아가 저자의 권위를 획득함으로써 단절된 세계를 향해 자신의 목소리를 내고자 한 적극적인 자기표현의 실천이었다. 이들의 목소리는 비록 단순하고

서툰 언어로 구성되어 있었지만, 소통의 단절로 소외를 경험해야 했던 소녀들이 주체적으로 세계와 대응을 시도한 의미 있는 사건이었다.

3. '비애'와 '번민'이라는 문학소녀의 망탈리테[*]

신지식의 소설, 양인자와 백혜자라는 문학소녀 작가의 등장과 그들의 작품에서 엿볼 수 있는 문학소녀의 내면은 어떤 공통점을 갖는 것일까. 이들 작품의 공통적 정서는 '비애'와 '번민'으로, 1950년대 문학소녀의 망탈리테를 집약적으로 보여준다. 앞서 살펴본 문학소녀들은 작품 속의 인물이든 작가 자신이든 글쓰기를 통한 소통과 자기표현의 욕구를 간절하게 드러낸다. 이러한 간절함은 이들이 번번이 감내해야만 했던 오해와 소통 불가의 상황에서 비롯된 것이었다. 양인자와 백혜자는 인터뷰에서 경제적 곤란, 가족의 부재, 신체적·정신적 결핍감으로 무언가 쓰지 않고는 견딜 수 없는 절박한 감정을 느꼈다고 말한 바 있다. 신지식 소설의 문학소녀들 또한 비슷한 이유로 자신을 솔직하게 드러내지 못하는 비애를 보여준다. 〈아카시아〉의 '미화', 〈해바라기〉의 '은경', 〈살얼음이 풀리는 날〉의 '나'는 자신의 결핍과 상처를 솔직하게 표현할 수 없는 현실에서 좌절하기도 하고 저항하기도 하며 억압된 자기표현의 욕구를 편지, 일기, 소설 등의 글쓰기를 통해 해소하고자 시도한다. 문학소녀들의 글쓰기에 공통

---

[*]　일반적으로 문화연구에서 '망탈리테'란 집단적 감정구조나 집합적·사회적 심리상태의 공통적 내용을 의미하며 특정한 감성, 태도, 사고방식, 감정, 심리상태 등 지적·감성적 차원을 포괄하는 것을 의미한다. 박수현, 〈문학 연구 방법으로서 '망탈리테'에 관한 시론적 고찰〉, 《현대문학이론연구》44, 2011, 275쪽.

으로 흐르고 있는 '비애'와 '번민'의 정서는 자신의 내면을 오롯이 표출할 수 없었던 결핍과 억압의 현실인식에서 비롯된 것이었다.

이러한 '비애'와 '번민'이라는 망탈리테는 1950년대 문학소녀들이 처해 있던 공통의 감정구조였다. 1950년대의 '문학소녀'들은 해방 후 한글교육을 통해 문학을 교양으로 접한 최초의 독자이자, 문학을 통해 세상을 배우고 자신의 감수성을 쏟아내며 '문학'이 무엇인지 질문하는 독자였다.[30] 이들 대다수는 중등과정 이상의 학교교육을 받고 있었기 때문에 일반적으로 '문학소녀'와 '여학생'은 같은 의미로 이해됐다. 그러나 이들의 문학 애호는 센티멘탈리즘적 경향이 두드러지며 쉽게 감정 과잉에 빠지는 미성숙한 태도로 간주되어 '10대', '청소년', '사춘기 소녀' 등 생애주기의 특정 시기에 나타나는 일시적 현상으로 여겨지기도 했다.[31]

흥미로운 것은 문학소녀가 순진하고 미성숙한 독자로 여겨졌던 것과 달리, 문학소년은 문단 내 세대교체의 주역으로 주목받고 있었다는 사실이다. 1950년대 학생들에게 교양으로서의 문학을 이야기할 때 잡지《학원》을 빼놓을 수 없을 것이다. 주지하듯 1950년대 중반까지 모든 문학소년·소녀들의 폭발적 관심을 받았던《학원》은 다양한 장르의 소설을 포함한 풍부한 문학작품을 읽을거리로 제공했을 뿐 아니라, '학원문단'과 '학원문학상'을 통해 학생 독자들의 문예창작을 적극적으로 독려하며 인기를 얻고 있었다. 특히 '학원문학상'은 습작기의 학생들이 중앙문단으로 진출하기 전에 거치는 예비 문단의 성격을 띠면서[32] 문학소년·소녀들에게 직업으로서의 작가를 꿈꾸도록 했다. 그러나 학원문학상의 수상자는 대부분 문학소년들에게 집중되어 있었고, 문학소녀의 수상이 늘어나기 시작한 것은 1970년대에 이르러서였다.* 습작기의 학생들이 '학원문학상'을 통해서 본격적으로 문단에 진출할 수 있었음을 고려하면 1950~60년

문학소녀의 탄생

대까지는 문학소녀의 습작은 본격문학의 외부에서 비주류로 위계화되고 있었음을 짐작할 수 있다. 더욱이 1950년대 신문소설과 대중지의 연재소설과 같은 통속문학의 주된 독자층이 가정주부 등의 여성 독자로 간주됐던 상황과 관련하여 문학소년이 주류문단·본격문학의 주체로 성장하는 것과는 대조적으로 문학소녀는 문단 외부에서 통속문학의 수요자로 흡수될 것으로 예견됐다. 문예창작과 의사소통을 위한 글쓰기 일반을 지도하는 문장강화류의 도서가 '여학생 문장강화'로 젠더화되어 출간된 것도 이러한 맥락에서 이해될 수 있다.

여성은 남성보다도, 여학생은 남학생보다도 글이란 것이 한층 더 필요하다고도 할 수 있습니다. 남성은 개방적인 것이 그 특징이므로 만나고 싶은 사람을 자유롭게 만나기도 하고, 하고 싶은 말을 털어놓고 하기 쉽습니다마는, 여성은 본바탕이 내성적이며 사회생활에도 남성보다 제한이 있으므로 사람을 만나는 데에도 제약이 있으며, 하고 싶은 말도 마음대로 못 하는 수가 많습니다. (…) 누구에게도 할 수 없는 이야기, 그러나 가슴 깊이 묻어두기에는 너무나 괴롭고 할 때 붓과 종이를 벗 삼아 털어놓는다면 얼마나 시원하겠습니까. 다른 여러 가지 효용이 있기는 합니다마는 이 한 가지 점만으로도 여성이나 여학생에게 문장의 수련을 권하고 싶습니다.[33]

---

*   1957년 제4회 학원문학상 선후기에서 최정희는 완성도는 다소 떨어지지만 여학생의 수상작이 한 편도 없어서 일부러 여학생의 작품인 〈선물〉을 선정했다고 밝혔다. 이는 1950년대 '학원문학상'을 통해 제도권 문단으로 진출하던 대부분의 입상자들이 남학생(문학소년)이었음을 알 수 있는 대목이기도 하다. 최정희, 〈제4회 '학원문학상' 선후기: 표현 기법이 더욱 요망된다〉, 《학원》, 1957. 2, 239쪽, 장수경, 《학원》의 '학원문단'과 '학원문학상'의 의미》, 《현대문학이론연구》 38, 2009, 281쪽에서 재인용.

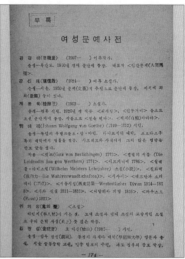

임옥인의 《여학생의 문장강화》(신광사, 1959) 표지와 부록 〈여성문예사전〉. 임옥인은 〈여성문예사전〉을 부록으로 수록함으로써 문학을 여학생의 교양영역으로 제시한다.

작가 임옥인은 《여학생을 위한 문장강화》를 출간하며 서론에서 "여성이나 여학생은 사회활동에도 제약을 많이 받고 타고난 본성이 내향적이기 때문에 글로써 마음속 이야기를 털어놓아야 한다"고 말한다. 이 책이 말과 글의 쓰임을 설명하고 논설문·일기·편지·축시(祝詩)·조사(弔詞) 등의 다양한 장르적 글쓰기의 방법과 문예창작과 평론을 아울러 창작방법까지 다루고 있는 점을 고려하면, 여학생(문학소녀)의 문예창작은 비전문적인 글쓰기의 층위에서 일종의 교양으로 이해되고 있었음을 확인할 수 있다.

소녀와 같은 감상을 즐기고 센티멘탈한 로맨티시즘의 시를 지어내기란 아주 쉬운 일이다. 바람이 불어와도 슬프고 낙엽이 어깨 위를 스쳐가도 슬퍼진다는 것은 너무나 연약한 병적 사상이 아니고 또 무엇이랴! (…) 우리는

문학소녀의 탄생

가을의 감상주의에 무조건 굴복하기 전에 가을의 정기에 대하여 경건한 마음으로 임할 필요가 있을 것이다. 문학을 하는 사람이나 과학을 공부하는 사람이나 철학을 하는 사람이나를 가리지 않고 감상주의는 언제나 전진하려는 정신의 적수인 것이다. 감상은 정적(靜寂)을 사랑하는 마음이요 능동적인 활동을 거부하는 허무에의 길인 것이다.[34]

십대는 인생의 사춘기다. 사춘기는 즐거움과 동시에 위험도 같이 갖는다. (…) 애정에의 동경이 꿈처럼 아름답고 알고 싶어지고 그 세계에 들어가고 싶어지는 연령이다. (…) 소설에는 그러한 세계가 그려져 있다. 그들이 문학에 쏠리는 심정도 그러한 것에 있다고 보아도 크게 틀리지 않을 것이다. (…) 사실 문학은 현실과는 다르다. (…) 문학은 자기에의 인식이라고 안다. (…) 나는 문학소년소녀를 크게 믿지 않는다. 어딘가 자기를 속이고 있다. 마음의 우월을 느끼고 있다. 정신의 특권의식을 가지고 있다. (…) 청소년으로서 문학을 하건 무엇을 하건 자기 생활에 열중하는 것이 제일 귀한 것이라고 나는 안다. 문학은 자기 내부에서의 인간적 정열을 발견하는 것이다. 자기에의 인식이다.[35]

학구적이면서 야무진 인상을 주지만 딱딱한 그런 것이 아니고 소박하면서 우아한 기품을 풍기는 것은 양의 깊이 있는 삶에의 자세를 엿보게 하지만 그것은 그가 문학을 대하는 자세와 공통된 것인지도 모른다. 이미 서울대학교 문리과대학 불문학과에 재학 중 모문학지에 시를 발표한 일이 있지만 그것은 철없던 시절의 일이었고 문학에의 꿈만은 지금도 한결같으나 좀더 인생을 안 뒤에 할 것이라는 양은 너절한 글 몇 줄을 쓰고도 문학을 한답시고 떠들고 다니는 철없는 문학소녀와는 너무도 거리가 먼 진지

한 무엇을 느끼게 한다.[36]

  김규동은 소녀와 같은 감상, 센티멘탈한 로맨티시즘은 진지하게 문학
을 하려는 사람에게 경계해야 할 태도라고 강조한다. 문학을 한다는 것
은 과학이나 철학을 공부하는 것과 같은 의미에서 치열하고 냉철한 사
유가 전제되어야 하는데, 사소한 것에 슬픔을 부여하는 값싼 감상주의
는 진정한 의미의 문학이 아니라는 것이다. 간접적으로 비판하고 있으나,
김규동은 문학소녀의 감상주의적 문학이 본격문학에 들기에는 수준 미
달이라는 관점을 보여준다. 김광식은 문학소녀를 포함하여 10대의 문학
적 감성을 언급하며 미성년의 시기인 10대에는 문학적 세계와 현실의 세
계를 분간하지 못한 채 막연한 반항과 교만을 키우는 어리석은 판단을
하게 된다고 지적한다. 진정한 문학은 자신의 내면을 인식함으로써 진지
한 인간적 정열을 발견하는 것임을 10대들은 아직 알지 못한다는 것이
다. 세 번째 인용문은 불어 단파방송 아나운서 오정자를 취재한 기사인
데, 그녀가 문학지에 시를 발표한 바 있지만 삶을 더 배운 뒤에 문학을
하겠다는 것을 "너절한 글 몇 줄을 쓰고도 문학을 한답시고 떠들고 다
니는 철없는 문학소녀"와 대조되는 학구적이고 기품 있는 자세라며 칭
송한다.
  위의 세 인용문에는 당시 문학소녀를 바라보는 시선이 어떤 것이었나
를 짐작케 한다. 미성숙한 사춘기 시절에 감상주의적 기분에 빠져 문학
이 무엇인지 제대로 이해하지도 못한 채 문학을 한답시고 떠들고 다니
는 철없는 소녀의 이미지가 그것이다. 따라서 문학소녀의 감상주의적 문
학관은 과학과 철학연구의 태도와 같이 성숙한 이성적 언어로 성장해야
하며, 자극적이고 천박한 읽을거리에 빠지지 않도록 보호하고 계도해야

하는 대상으로 이해된다. 즉, 문학소녀의 글에 드러난 센티멘탈리즘, 번민, 눈물과 비애 등은 성장 과정에서 교정되어야 할 미성숙한 감정반응으로 간주된 것이다.

한편, 여학생들의 삶의 조건과 관련하여 과학적 분석론을 표방한 김용호의 《여학생의 심리》는 중고등학교에 재학 중인 여학생 100명을 대상으로 설문조사를 진행하여 여학생들의 현실인식을 분석하고 있어 주목된다. 《여학생의 심리》는 1950년에 출간된 것으로 1950년대 중후반기의 문학소녀와 시간적 차이가 다소 있으나 설문에 응답한 여학생들의 현실인식은 10여 년 후에도 여전히 공통된 점이 많았다. '어떤 일에 번민을 느끼느냐'는 질문에 상급반 여학생들은 '경제적 곤란', '학업 지속의 불안', '가정의 빈곤', '부모의 불화', '아버지의 방탕' 순으로 응답했다.* 설문에 응한 학생들뿐 아니라 대다수의 여학생은 비싼 학비를 계속 내면서 학교를 끝까지 마칠 수 있을지 불안한 상황에 놓여 있었으며, 졸업 후에도 진로선택의 폭이 좁아서 "얌전히 집에 있다 시집이나 가라"는 부모의 말에 괴로움을 호소한 응답자의 사례처럼[37] 교육은 받았으나 미래의 삶을 선택할 수 없는 현실에 번민할 수밖에 없는 처지였다. 그 외의 응답 내용 중 눈에 띄는 것은 등굣길 버스에서 작은 실수에도 차장이 큰소리로 질책한 것이 불쾌했다는 것인데, "남학생에게는 못 하고 만만한 우리 여학생에게만 창피를 준다"[38]고 하며 같은 학생이더라도 여학생과 남학

---

* 김용호, 《여학생의 심리》, 양산문화사, 1950, 49쪽. 이 책은 여학생 시기를 소녀기에서 성인으로 성장하는 자아형성기이자 신체적·정신적 변화를 겪는 시기로 전제하고 있다. 분석에 있어서 과학주의를 표방하고 있으나 '생리적으로 자극받는 내용의 독서경험이 이른 월경으로 이어진다'고 주장하는 등 과학적 분석과는 무관한 주장을 펼치고 있어서 신뢰성은 상당히 떨어진다. 그러나 서울의 여학생 100명을 대상으로 취미, 교우관계, 번민 등의 내용을 조사한 설문은 여학생들의 생생한 목소리를 담고 있어 흥미롭다.

생에 따라 다르게 대우받는 현실에 불만을 표한 것이다. 이는 이후 보통교육의 시행으로 여학생의 수가 증가한 1950년대 중후반에도 크게 다르지 않은 상황이기도 했는데, 남녀학생의 상급학교 진학률에 차이가 있었던 현실과 졸업 후 직업선택의 기회도 남녀학생 간에 차이가 컸던 점은 여학생들이 구체적인 미래를 기획할 수 없었던 배경이기도 하다.

여학생들의 이러한 현실인식은 학창 시절을 공유하는 또래들과의 공감대를 형성하며 선후배 간, 동급생 간의 특별한 교유로 이어졌다. 신지식의 소설에도 종종 등장하는 여학생들의 교유는 비밀스러운 편지를 주고받으며 교분을 쌓거나, 공공연한 단짝이 되어 다른 학생들의 질투를 받기도 했던 것으로 보인다.* 여학교만의 독특한 교유는 편지쓰기와 문예취미의 공유로 문학소녀라는 여학생 시절의 문화를 형성하여 시나 소설을 공유하며 감상적 문학취향을 형성했다. 삶의 방향성도 주체적 관점도 명확히 정할 수 없는 여학생 시기에 불안한 현실을 위로하는 길은 글쓰기와 문학작품의 탐독이었다. 이들에게 문학과 글쓰기는 타인과 소통하는 매개이자 세상에 나아갈 방법이었다. 졸업 후의 진로가 불확실한 가운데 시나 소설을 써서 문단에 진출한다는 것은 자신의 이름을 걸고 사회에서 꿈을 펼칠 수 있는 이상적인 방법으로 여겨졌다. 각종 잡지사나 지역사회에서 주관한 여학생 문예대회에서 입상한 학생들이 학교의 명예를 드높인 대표가 되어 각종 일간지에 소개되는 것은 여학생이라면 누구나 선망하는 것이었다. 무엇보다 이들은 세상을 향해 자신의 존

---

* 김용호는 여학교에서의 특별한 교우관계를 상세히 기술하고 있다. 선후배 간의 교우에서는 주로 선배의 적극적인 구애로 관계가 형성되는데 이러한 관계를 "시스타"라고 칭하며, 주로 편지를 주고받는 관계로 일부는 문학 그룹을 형성하여 함께 문학감상을 나누며 문학소녀로서 공감대를 형성하기도 했다.

재감을 스스로 드러내고 싶은 열망이 있었다. 불확실한 미래에 대한 불안, 학업을 지속하기 위해 감당해야 하는 경제적 부담, 교우관계에서 겪게 되는 크고 작은 갈등, 보통교육을 받은 첫 번째 한글세대 여학생으로서 앞으로 어떤 삶을 살아가야 할지 구체적인 상을 떠올릴 수 없었던 답답함 등은 이들에게 '까닭 없는 슬픔', '말할 수 없는 비애' 등으로 표현됐다.

정리하자면, 문학소녀들은 해방 후 중등교육 수준의 교양교육을 받은 한글세대로서 문학작품을 읽으며 세상을 배우고 자기정체성의 구성을 통해 보편세계의 구성원으로 진출하고자 열망했지만 그들의 열망은 미성숙하고 불완전한 것으로 간주되어 지도편달의 대상으로 여겨졌을 뿐이었다. 문학소녀들의 글에 드러난 '비애'와 '번민'의 망탈리테는 이러한 좌절된 열망, 이상과 현실의 괴리에서 비롯된 것이었다. 그들에게는 자신의 정체성을 탐색하기 위한 온전한 텍스트도, 미래를 탐색하고 설계하기 위한 선택지도 없는 현실에서 소통의 주체로 온전히 자기를 구성하지 못한 채 '비애'와 '번민'의 망탈리테를 형성하게 된 것이다.

3장
출판시장과 여성 독서공동체 형성

1. 대중지의 성공과 새로운 독자집단의 창출

1950년대 중반에 이르면 대중 독자층의 성장과 맞물려 대중잡지의 발간이 성행하게 되는데, 1955년에 창간된 《여원(女苑)》, 《향학(向學)》, 《야담(野談)》, 《주간희망(週刊希望)》, 《아리랑》, 《만세(萬歲)》, 《명랑(明朗)》 등 대중지와 여성지, 학생잡지가 크게 성장하게 된 것은 이러한 한글전용 독자층의 읽을거리에 대한 수요가 있었기 때문에 가능했다.[*]

---

[*] 이한국 편저, 《1957년판 출판연감》, 대한출판연감사, 1957. 이 출판연감에 따르면 1953~56년도 사이에 창간된 잡지의 대략적인 목록은 다음과 같다(괄호는 창간인). 1953년도: 《사상계》(장준하), 《청조다이제스트》(박영준), 《실화》(황준성), 《현대공론》(반공통일연합), 《청춘》(김현송) 등 / 1554년도: 《새벽》(주요섭), 《영어세계》(조화영), 《영화연극》(김석민), 《아리랑》(서재수), 《산업경제》(이세현) 등 / 1555년도: 《야담》(김종완), 《펜》(국제펜클럽한국본부),

흥미로운 것은 위와 같은 잡지의 성행이 1950년대 초·중반 출판계의 계속된 불황 속에서 예외적으로 일어났다는 사실이다. 1950년대는 용지난과 전쟁 이후의 경기불황, 1953년 화폐개혁 이후의 경제 불안 등으로 인해 서적구매율이 눈에 띄게 줄어들고 있었다. 이에 해방 직후 난립했던 군소 출판사는 경영난으로 인해 도산이 속출하고 있었고, 도산한 출판사의 재고 서적이 헐값에 거래되는 동대문 노점시장이 형성되고 있을 정도였다. 이처럼 전문 출판사의 상당수가 도산하고 있는 와중에 개인이 경영하는 잡지가 호황을 누렸다는 것은 독자층의 서적수요가 변화하고 있음을 보여주는 것이었다.

해방 후 4~5년간 출판사의 주요 출판물은 참고서류 외에 문예, 정치, 경제, 사상, 어학, 사회, 철학, 역사 분야의 서적이었는데 1950년대에 접어들면서 참고서류의 출판이 지속적으로 증가했던 것에 반해 정치, 경제, 사상, 사회, 철학, 역사 등의 분야 서적출판은 점차 감소했다. 또한 1951년에 이르면 만화나 아동도서의 출판이 급증하는데 이 역시 변화한 독자층의 수요를 반영한 결과라 하겠다. 이처럼 정치, 사상, 철학과 같은 고급 교양서의 출판은 줄어드는 반면 아동도서, 만화, 참고서, 학생잡지, 여성지, 대중지 등의 성장은 서적의 구매자가 고급 독자에서 일반대중 독자층으로 확산·변화하고 있었음을 보여준다.[*]

《음악》(이강염), 《현대문학》(이구종), 《여원》(김명화), 《향학》(김익달), 《명랑》(황준성), 《신세계》(고재희) 등 / 1956년도: 《만화세계》(김성옥), 《사진문화》(조명원), 《신미술》(이규성), 《삼천리》(공중인), 《자유문학》(김광섭), 《만화춘추》(임순묵), 《모던스포쓰》(정상윤), 《자유세계》(임긍재), 《인물계》(백남주), 《진상(眞相)》(최홍조), 《야담과 실화》(이종렬), 《주부생활》(최선길) 등.

[*] 1950년대의 대표적인 대중잡지인 《아리랑》은 1955년에는 9만여 부를 발행한 바 있고, 1957년에도 발행부수가 많이 감소했다고는 하나, 동류의 잡지 《야담과 실화》와 함께 각 4

이제 출판사들은 시장논리에 따라 독자의 요구를 만족시키기 위해 보다 신중하게 출판물을 선택해야만 했다. 한국전쟁 이후 출판계에 대한 UNKRA(한국재건단)나 미국의 원조가 일부 있었지만 여전히 용지난으로 인해 책값은 비쌌고, 이는 독자의 서적 구매욕에 영향을 끼치고 있었기 때문이다. 1954년 출판협회의 주관으로 독서대중화 운동이 실시됐던 배경에는 출판사의 경영난을 타개하는 한편, 읽을거리에 대한 욕구는 있으나 서적구매로 연결되지 않고 있던 일반대중을 상대로 독서문화를 홍보함으로써 독서 인구와 서적구매를 늘리겠다는 목적이 있었다.[*]

그러나 독자대중의 독서열은 이러한 교양서적보다는 냉면 한 그릇, 양담배 한 갑 가격에 불과한 300환짜리 잡지를 향해 있었다.[**] 이들 대중잡지는 300페이지가 넘는 지면에 화려한 볼거리와 다양한 읽을거리들이 가득했다. 무엇보다 대중잡지에는 전문적인 지식이 없이도 읽을 수 있는 이야기들이 많았다. 1950년대 상당한 판매고를 올린 잡지들의 편집체제는 대체로 영화 관련 기사, 의학·법률·양재 등의 정보성 기사, 시·소설 등의 문예작품, 독자상담·독자통신 등의 독자참여란, 인터뷰 및 특집기

만여 부를 발행했다. 〈책을 읽지 않는 가을〉,《경향신문》, 1957. 10. 24.

[*] 이후 독서대중화 운동은 문교부와 한국도서관협회가 주축이 되어 국민문화 향상을 위한 정부 차원의 계몽운동으로 자리 잡아 매해 정기적으로 시행됐다. 이를 통해 도서관 무료 공개, 도서 전시회, 가두선전, 강연회, 각 학교의 독서회 소개 등을 통해서 양서의 선전과 독서인구의 증가를 위한 대대적인 노력이 진행됐다. 안춘군,《한국출판문화사대요》, 청림출판, 1987.

[**] "1953년 환도를 시작으로 발행부수가 4-5천 부에서 10,000부 수준에 오른 것은 수천 종, 그중에 몇 종류는 5-6만 부를 발행하는 등 상업적인 성공을 이뤘다. 이 중 10만 부 이상을 발행하는 잡지도 한두 가지 있었는데, 대중잡지는 기본적으로 창간호부터 만 부 이상을 찍었다." 이한국 편저, 앞의 책.

사, 독자의 흥미를 유발할 만한 가십성 기사 등으로 구성되는 것이 일반적이었다. 이제 독자들은 대중지의 가십기사나 통속소설을 읽으면서 거리낌 없이 스스로를 '문학애호자' 또는 '독서가 취미인 사람'으로 소개하게 됐다. 이제 계층이나 학력을 초월하여 가장 보편적인 취미로 '독서'를 꼽는 시대가 된 것이다.

저는 군에 복무하고 있는 **문학애호자의 한 사람입니다.** 과거 학생시절에는 그다지 취미가 없었는데 군에 입대한 이래 **소설책이며 잡지들을 보게 됨으로써 자연히 문학에 흥미를 갖게 되었습니다.** 그러나 아직 문학이 무엇인지를 잘 모르는 저에게 하나의 새싹을 기르는데 있어서 도움이 될 수 있는 지도적인 하교가 많이 계셨으면 좋겠습니다.

– 《希望》, 1955. 12.

백만 독자 여러분 안녕하십니까? 저는 최전방 산골에 있는 나이 어린 현역 군인으로 (…) 애독자 여러분과 순정에서 우러나오는 문필로 맺을 수 있는 벗과 교제하고자 합니다. **저의 취미는 독서이며 특히 글쓰기를 좋아합니다.**

– 《希望》, 1956. 1.

금년 봄에 여고를 갓 나온 풋내기 애독자입니다. (…) 연령은 21세, **취미는 음악과 독서입니다.**

– 《希望》, 1956. 2.

저는 고등학교를 졸업하고 가정형편에 의해 농촌에서 일하고 있는 22세의

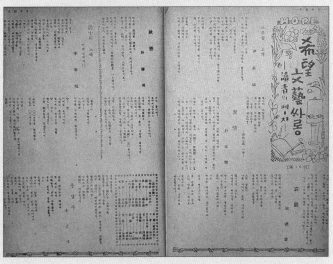

《希望》1952년 12월호 표지와 〈희망 문예싸롱〉 지면. 1950년대 대부분의 잡지는 독자들의 글쓰기 욕구를 반영하여 독자문예란을 고정지면으로 제공했다.

청년입니다. **독서를 즐기는 벗을 원하오니** 편지하여 주시기를 바랍니다.

－《希望》, 1956. 3.

위의 글은 대중지의 독자통신란에 투고한 독자들의 자기소개서이다. 위의 독자들이 소개하고 있는 자신의 신상정보가 얼마만큼 신빙성이 있는 것이었는지 신뢰할 수는 없지만* 대중들은 자신의 교양수준과 고급한 취향을 과시하기 위한 수단으로 독서취미를 내세우고 있음을 알 수 있다. 이제 대중들은 자신을 치장하는 수사로 독서취미를 사용하게 된 것이다.

2. 잡지시장의 격변과 문학의 대중화·통속화 문제

1956년 런던에서는 '저자와 대중'이라는 주제로 제28차 국제펜클럽대회가 개최됐는데, 한국 펜클럽협회가 정식으로 회원국이 된 뒤 처음 참가하는 대회였기 때문에 각종 일간지와 문예지에서는 이에 대해 상세히 보도했다. 저널리즘에서는 한국 펜클럽협회가 국제대회에 정식으로 참가하게 된 것도 중요한 관심사였지만, 무엇보다도 1956년 펜대회의 주제가 문학의 대중성을 다루고 있다는 점에서 더욱 주목했다.[1]

---

* 일례로, 조흔파의 신문연재소설 〈미쓰·박〉(《경향신문》, 1955. 8. 15~24)의 주인공 미쓰·박은 대중지의 독자통신란에 거짓 신상을 게재하고 남성 독자들과 편지교환을 하는 인물로 나온다. 신문연재소설의 통속성을 감안한다 하더라도 당시 대중지의 독자통신란에 적힌 신상이 과장된 것이거나 거짓일 수 있다는 것은 당시 독자들 사이에 어느 정도 통용되고 있었을 것으로 보인다.

전 세계적으로 영화와 라디오, 텔레비전 등의 보급이 확산되면서 전통적인 인쇄미디어가 이들 시청각미디어와의 경쟁에서 살아남을 수 있는 방법에 대해 고심하게 됐고, 제28차 런던펜클럽대회의 주제는 그 고민의 일환이었다. 국내 사정 역시 이와 무관하지 않아서, 영화나 라디오와 같은 시청각매체들과의 경쟁에서 인쇄매체가 살아남을 수 있는 길을 고심하게 됐다.

더욱이 과거에는 일부 식자층에 한정되어 있었던 문학 독자가 대중 일반으로 확대되고, 이들이 실질적으로 출판시장을 좌우하는 주 소비층으로 성장한 상황에서 대중문학과 순수문학의 경계를 엄격하게 따져서 분리하는 것을 비판적으로 보아야 한다는 논의들이 나오기도 했다. 문단 내부에서는 소수의 고급 독자만이 이해할 수 있는 순수문학을 고집하는 것보다 대중적인 문학을 통해서 독자들에게 더욱 가깝게 다가가야 한다는 주장이 나오게 된 것이다. 또한 독자가 없는 문학은 작가에게 의미가 없으므로 수천만 중에 만 명도 안 되는 순수문학의 독자만을 바라보기보다는 독자 대중에게 작가의 사상, 인생 문제에 대한 해결을 전달하는 것이 가치 있다는 주장도 힘을 얻고 있었다.[2]

1950년대 단행본 출판이 불황에 허덕이고 있을 때, 어마어마한 규모로 잡지시장이 커질 수 있었던 것은 다양한 잡지들이 전통적인 인쇄매체로서의 권위를 버리고 대중의 흥미와 관심사에 맞는 내용으로 편집체제를 과감하게 선택했기 때문이었다. 그러나 대중잡지의 인기 지면인 소설의 경우 연재물보다는 단편소설의 비중이 압도적으로 많았던 것으로 미루어 대중지의 독자는 고정 독자보다는 유동 독자의 수가 많았던 것으로 보인다. 잡지사의 수익이 광고보다는 잡지판매량에서 발생했던 1950년대의 상황에서 고정 독자를 확보하는 것은 대중지의 사활이 걸린 문제이기도 했다. 잡지사는 매달 예상 판매부수를 예측하여 출판부수를 결정해야 했고, 예상보다 판매가 저조하여 재고량이 많아지면 이전 호에서 수익을 올렸다 하더라도 바로 손실이 생길 수밖에 없었다. 그 외에도 문화계와 교육계로부터 지속적으로 제기되는 저속성과 통속성에 대한 비난을 의식하지 않을 수 없었다. 실제로 대표적인 대중지 《야담과 실화》는 선정적인 광고문구가 문제가 되어 발간되기도 전에 공보실로부터 폐간처분을 당하기도 했다.*

무엇보다도 대중지와 경쟁하고 있던 영화시장이 커져가던 1950년대 중반에 이르면 대중지의 위기는 본격화된다. 특히 1955년 이규환 감독의 〈춘향전〉이 국산영화로는 처음으로 10만 이상의 관객을 동원하면서 큰 성공을 거둔 때와 맞물려 1954년부터 시행됐던 국산영화 입장세 면세조치가 1956년에 더욱 강화되면서 국산영화시장은 급속도로 성장하게 됐다.[3] 영화시장과 경쟁관계에 있었던 대중지시장은 이 무렵부터 급속도로 축소되기 시작했는데, 대중지의 주 소비층이 영화시장으로 유입되면서 나타난 결과였다. 1955년까지만 해도 10만 부 이상을 발행하던 대중지는 4만 부 이하로 출판 규모가 급격히 축소됐다. 이는 각 잡지만의 차별화된 전략으로 고정 독자를 확보하지 못한 채 안정적인 수익구조를 마련하지 못했던 점, 대중지의 선정성과 저속성에 대한 비판여론의 확산, 영화산업의 성장으로 상당수의 독자가 영화시장으로 유입된 결과였다.

---

* 　"《야담과 실화》 월간잡지 92년(1959년-인용자 주) 신년호는 아직 시중에 발매되지 않았으나 1일자 시내 모일간지에 동잡지의 내용소개 광고를 계제하였던 것인데 그 광고 중 '서울처녀 60%는 이미 상실? 경이! 한국판 킨제이 여성보고서가 말하는 것은 무엇인가?'라는 제목이 말썽이 되어 이번 공보실에서는 폐간처분을 내렸던 것이다." 《야담과 실화》 폐간), 《동아일보》, 1958. 12. 2.

3. 잡지시장의 부침 속 여성지의 성공전략

대중지 판매가 급격히 떨어지기 시작하는 1957~58년은 국산영화 제작이 붐을 이루면서 영화시장이 크게 성장한 시기이기도 하지만, 《사상계》나 《여원》, 《주부생활》, 《신태양》, 《자유세계》와 같은 학술·교양지, 종합지, 여성지의 판매가 증가하던 시기이기도 하다. 창간 당시 5000여 부를 발간했던 《사상계》는 1958년이 되면 판매부수가 2만여 부로 4배나 증가하게 된다. 대중지로 시작한 《신태양》은 1956년 이후 종합교양지로 성격을 전환한 후에 꾸준히 성장하여 1958년이 되면 《자유세계》와 함께 독보적인 종합교양지로 자리 잡게 된다.[4]

이들 종합지의 성공은 8만여 명에 이르는 대학생[5] 독자와 일부 인문계 고등학생 독자들을 고정 독자로 확보함으로써 가능했다. 이들 고정 독자들은 학술서나 교양서적에 대한 수요는 있었지만, 한글전용세대로서 일부 학생을 제외한 대다수의 학생들이 외국서적을 자유롭게 읽을 만큼 외국어 실력이 뛰어나지 않았기 때문에 《사상계》와 같은 학술교양지로 몰렸던 것이다.[6] 이러한 학술교양지는 외국사상의 번역에 집중하는 한편, 미-소 양국을 중심으로 한 냉전체제의 국제질서, 민주주의·자유주의·민족주의, 전통론 등을 다루면서 고급 독자를 대상으로 한 전후 한국사회의 담론장으로 기능했다.

주목할 것은 이 시기 여성지의 성공인데, 여성지는 대중지의 흥미본위의 오락지적 성격이나 종합사상지의 학술교양지적 성격과도 차별화된 성공전략으로 여성 고정 독자를 확보하고 있었다. 1950년대 대표적 여성지인 《여원》과 《주부생활》의 경우 여학생, 여대생, 직장여성, 가정주부 등의 독자 중 특정 독자집단을 선택적으로 공략하려는 경향은 있었지만[*]

대체로 여성 독자 일반의 공통된 관심사를 편집체제에 반영하고 있었다. 여성지의 편집체제에는 연애·결혼·성·경제활동 등 여성의 관심사를 반영한 특집기사, 교육·육아·요리·미용·양재·의학·법률상식 등 실생활 정보, 영화 관련 화보와 기사, 시·소설 등의 문예면, 국제질서·정치와 관련한 시사상식, 문학·예술·고전에 대한 교양강좌 등이 공통적으로 반영되어 있다.

그러나 여타의 대중지나 종합교양지와 구별되는 여성지 지면 구성의 가장 두드러진 특징은 독자문예란의 비중이 월등히 높다는 것이었다. 이는 여성 독자들의 문예취미를 반영한 것이기도 한데, 당시 대표적인 여성지《여원》의 독자투고란에는 이러한 경향이 잘 나타나 있다.

> 선생님, 제가 문학을 좋아해서 그런지 김용호 선생 집필의 〈명작에서 보는 여인상〉을 무척 재미있게 읽고 있어요. 앞으로도 유명한 작품들(제인에어, 안나 카레리나 등)을 들어 여인상을 다뤄주세요.
>
> -《여원》, 1957. 9.

> 〈문예교실〉에 소개된 문영숙씨께: 지난 호 〈앵두의 임종〉은 지금까지 읽은 독자문예 중 가장 좋았어요. (…) 나는 문학취미는 있지만 재능이 없어서 콩트하나 써 보지 못하고 있는데 (…) 언제가 되었든 꼭 글을 써보고 싶어요. 앞으로도 계속 좋은 작품 내기를 바랍니다.
>
> -《여원》, 1957. 10.

---

* 《주부생활》의 경우 잡지명에서도 드러난 바와 같이 가정주부를 특화된 독자집단으로 상정하고 편집체제를 구성했던 것과 달리 《여원》은 가정주부뿐만 아니라 여학생, 직장여성을 포함하여 여대생과 같은 고급여성 독자까지도 주 독자층에 포함하고 있었다.

여원을 읽을 때마다 시, 꽁트, 수필이나 써서 저도 한번 여원사 선생님께 보내고 싶은 마음 이루 헤아릴 수 없습니다. 그러나 시집살이 하는 몸이라 어디 마음이 안전해야지요.

-《여원》, 1958. 1.

〈문학소녀의 꽃밭인 독자문예〉: 나도 누구 못지않게 문학을 애끼는 소녀이기에 나와 같은 입장에 있는 그들의 시나 산문을 마치 내 친구한테서 오는 아름다운 편지를 읽듯이 읽고 있어요.

-《여원》, 1958. 2.

더구나 다달이 좋아져가는 독자의 시편들을 올바르게 지도하는 문예교실은 저의 유일한 스승이며 학과이기도 합니다.

-《여원》 1958. 4.

앞에서 살펴본 바와 같이 여학생들은 초중등 학교교육을 통해서 문예취미를 형성했을 뿐 아니라, 공통된 문예취미를 가진 특정한 독서공동체를 형성하며 잡지시장에 존재하고 있었다. 여성지는 이들의 문예공동체적 정체성을 감지하고 독자문예란을 점차 확대 편성하는 한편, 기성 문인들의 선후평을 추가하여 지면을 통한 문예 강좌를 유도하기도 했다.

무엇보다 여성지의 독자문예는 매년 진행된 '애독자문예현상공모제도'로 본격화됐는데, 이는 여성지의 독자들이 여학교 시절의 독서취미와 문예작문 취미를 잡지를 통해서 충족시키고 있는 것을 파악한 결과였다.《여원》이 여대생 이상의 여성 독자를 보유하고 있는 잡지로서 독자현상문예공모를 국내 유일의 여류문인 등단제도로 공식화했다면,《주부생활》의 경우는 공식적 등단경로는 아니지만 기존의 독자문예의 심사평을 통해 학습했던 문예 강좌의 성과를 독자 스스로 확인한다는 의미에서 문예에 꾸준히 관심을 가져온 독자들의 호응을 얻을 수 있었다.

이처럼 여성지가 대중지나 종합교양지와 차별화된 영역을 개척할 수 있었던 것은 해방 이후 꾸준히 증가한 여학생 독자의 문예취미를 잡지 체제에 적극적으로 반영한 결과였다. 이로써 고학력 여성 독자를 종합교양지나 학술지에 빼앗기지 않고 여성지의 고정 독자로 확보할 수 있었던 것이다.

4. 가정주부라는 독자집단

여성지의 독자는 문예취미가 두드러진 고학력 여성 독자뿐만 아니라 비교적 대중적인 수준의 이른바 가정주부 독자들까지도 확보하고 있었다. 여성지의 독자와 종합교양지의 독자, 대중지의 독자가 각 잡지마다 배타적으로 구성되어 있었다고 볼 수는 없지만, 적어도 1950년대 잡지계에서 여성지가 독자적인 시장을 형성하고 있었던 것으로 미루어 당시 출판시장 내에서 여성 독자의 영향력이 결코 적지 않았음을 짐작할 수 있다. 이 무렵 대중문화에 대한 여성소비층만의 특정한 경향이 자주 언급됐던 것은, 여성의 소비규모가 전체 대중문화시장을 좌우할 만큼 절대적인 것은 아닐지라도 여성문화만의 특별한 경향성을 형성하고 있었음을 감지한 결과였다.

김규동: 그리고 가정에 있어서 가정의 주부들이 읽는다 하는 것은 신문의

《여원》 1959년 12월호의 〈여원 도서실〉. 〈여원 도서실〉은 당시에 발간된 국내외의 잡지와 소설 등의 단행본을 요약한 것으로 짧은 시간에 손쉽게 다양한 읽을거리를 섭렵할 수 있도록 했다.

《여원》 1958년 12월호의 〈독자수기〉 모집 기사.

《주부생활》의 〈주부서한문강좌〉는 구체적인 상황과 목적을 설정한 편지 쓰기를 예시함으로써 가정주부가 일상에서 활용할 수 있는 실용적 글쓰기를 익히도록 했다.

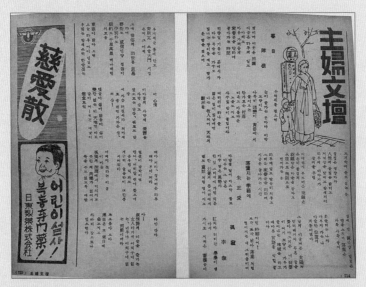

《주부생활》의 〈주부문단〉은 독자문예란으로, 가정주부 독자들의 글쓰기 욕구를 충족시키고 문예를 매개로 한 독자의 소통을 가능하게 했다. 여성 독자들은 1950년대 여성지의 독자문예란을 매개로 '문학소녀', '여성독자'라는 집단적 정체성을 형성하게 되었다.

문학소녀의 탄생

연재소설이라든지 잡지의 통속소설이지만 읽는다 하는 그 자체는 좋은 일이에요. 독서열이 앙양되어 가고 앞으로는 우리나라의 출판계에는 사정이 달라져서 작가나 시인들도 살게 될게라고 보아요.[7]

당시의 기사와 좌담을 종합해보면 소위 가정주부로 통칭되는 문화소비 집단은 주로 신문이나 잡지의 통속소설을 즐겨 읽고, 〈시집가는 날〉 등의 국산영화 관람을 취미로 하는, 교양이나 의식수준이 고급하지 않은 경향의 여성들로 간주됐다. 경우에 따라서는 고학력 여성들 중 대학교수 부인이나 고위공직자의 부인 등 비교적 상류계층에 속하는 여성들이 가정주부로 자처하면서 공식적인 발언을 하기도 했지만, 대개 그러한 경우에는 일반 가정주부 독자들을 계몽하기 위한 목적에서 비롯된 것이었다.[*]

따라서 일반적으로 문화소비자로서의 가정주부는 대중문화시장의 한 부분을 이루는 카테고리집단으로 간주됐다. 이들은 대체로 멜로드라마와 로맨스 스토리에 대한 선호도가 뚜렷하여 대중문화시장의 통속화 경향을 이끌었다. 즉, 대중문화의 멜로드라마적 통속성의 기저에는 문화소비자로서의 가정주부 집단이 존재하고 있었던 것이다. 1950년대 통속

---

[*] 가령, 《경향신문》에 자주 실렸던 〈주부의 발언〉은 가정주부의 입장에서 신문편집자에게 바라는 바를 주로 언급하고 있는데, 대개 필자는 대학교수의 부인이거나 고위공직자의 아내인 경우가 많았다. 이들은 외국 신문의 사례를 비교하며 국내 신문편집체제에 여성, 특히 주부의 입장이 반영되어야 한다고 주장하거나 이를 위해 여성일반의 의식수준을 높여야 한다는 계몽적 주장으로 일관하는 글이 많았다. 한윤복, 〈가정과 신문: 주부는 신문을 보아야 되고 신문은 이렇게 해 주었으면 ―독자의 입장에서〉, 《경향신문》, 1955. 11. 14~15; 김성은(이화여대 법과대 학장 이태희 씨 부인), 〈주부의 발언: 신문 문화란에 바라는 것〉, 《경향신문》, 1957. 6. 30.

문화 담론에는 대중이라고 하는 불특정 다수의 문화소비 집단이 언급되고 있었지만, 이 대중집단의 가장 구체적인 카테고리집단은 바로 여성이었다.

사실 대중문화의 소비집단으로 여성이 본격적으로 부각되는 것은 여성의 평균학력이 중졸 이상으로 높아지고 경제활동이 가능한 여성노동인구가 증가하게 된 1960년대에 이르러서이지만, 이미 1950년대 말엽부터 대중문화시장의 중요한 존재로 여성이 부상하고 있었던 것이다. 따라서 1950년대 여성 독자 혹은 여성문화소비자 집단의 성격과 그 영향력을 고찰하는 것은 이후 사회 전반에 걸쳐 대중문화가 본격적으로 성장하게 된 1960~70년대의 문화적 지형을 파악하기 위한 밑바탕이 되는 것이다.

4장
여성지의 연재소설 속 여성서사

1. 여성 가장의 파경과 재혼

전통적인 소설에서 결혼은 개인적 소망과 사회적 욕구가 상호 상징적으로 화해할 수 있는 수단이기 때문에 가장 안성맞춤의 피날레였다.[1] 그러나 한국전쟁 이후의 소설에서는 결혼을 통해 서사가 완결되기보다는 결혼 이후의 사건들 또는 파경의 서사가 더 흔하게 나타난다. 특히 여성의 결혼과 사랑, 연애의 실패담은 여성지의 연재소설에서 두드러지게 나타나는데, 여성을 내포독자로 하는 여성지의 매체적 특징이 반영된 결과였다.

전후 여성의 현실인식은 앞서 살펴본 바와 같이 여성 독자의 스토리텔링을 통해서 구체적으로 확인해볼 수 있는데, 배우자를 잃고 가족의 생계를 책임져야 했던 상황은 전후 여성의 보편적인 문제였다. 이 외에도 경제적 문제로 인한 매매춘의 유혹, 또는 자신의 신변을 의탁하기 위해 새로운 배우자를 찾는 과정에서 나타나는 재혼과 불륜의 문제 등 여성의 사랑과 연애는 낭만적 사랑을 통한 자기완성의 의미보다 자기 신변의 안위를 위해 불가피하게 선택해야만 한다는 경제적 의미가 더 크게 부각됐다. 또한 여성의 성적 욕망의 충족이 삶의 중요한 조건으로 부각되고 있었던 만큼 성적 욕망의 충족을 조건으로 한 사랑과 연애, 결혼의 서사들도 점차 비중 있게 등장하기 시작했다. 그 외에도 여성의 경제활동을 통한 계층상승의 욕망도 전후 소설에서 새롭게 나타난 내용이었는데, 대개는 여성의 이러한 경제적 계층상승의 욕망이 여성을 일탈로 이끄는 부정적인 것으로 그려지고 있었다.

이처럼 여성을 내포독자로 하는 전후 소설에서는 여성을 대상으로 한 다양한 유혹과 위협으로부터 자신을 지켜내고 때로는 자신의 선택을 합리화하고자 하는 여성의 자기보존의 욕망이 반영되어 있었다. 이는 새로운 서사를 통해 여성의 현존을 공적영역에서 재구성하기를 원했던 여성독자의 스토리텔링 욕망에 대한 소설적 조응으로 이해될 수 있을 것이다. 여성을 둘러싼 현실과 허구의 서사가 여성지를 매개로 공존하고 있었다는 사실과 소설을 연재하기 전에 제시하는 편집진의 작품소개나 작가의 말에 소설 속 사건들이 현실을 살아가는 여성들의 문제와 다르지 않음을 강조하고 있었던 것에서 이를 확인할 수 있다.

이제 새로 여러분과 더불어 읽을 〈行路難〉은 그 제목이 계시하여 주는 바와 같이 우리 인생의 삶이 결코 평탄치 못한 것을 마음에 다시 한 번 인식하며 '금옥'이란 여인을 통해 더구나 우리의 가정주부와 밀접한 관계가 있는 아내로서 어머니로서 가정의 주부로서 그녀가 어떻게 자기의 삶을 개

　　　　　　　　　　　　　　　문학소녀의 탄생

척해 나갈 것인가를 눈여겨 살펴봅시다. 금옥여사는 우리나라의 중류가 정에서 자란 꿈많은 처녀시절에서 결혼생활로 들어간 평범한 여성입니다. 그러나 오늘날의 사회풍조는 세 아기의 어머니가 된 금옥여사를 그냥 두지는 않으려합니다. 자 이제 금옥여사의 생활이 앞으로 어떻게 변천될 것인지 김여사에게 자못 기대가 큰바 있읍니다.[2]

김말봉의 〈행로난〉은 1958년 2월부터 1959년 1월까지 《주부생활》에 연재된 소설로, 서금옥이라는 여주인공이 결혼 이후 평범한 중학교 국어교사인 남편을 출세시키고자 여고보 동문과 교류하게 되면서 점차 물욕에 눈을 뜨게 되는 과정을 그리고 있다. 서금옥은 "사바사바와 빽과 온갖 권모술수가 난무하는" 집 밖의 세계로 나가게 되면서 그녀의 미모와 육체를 이용해 이득을 보려는 다양한 사람들을 만난다. 그녀를 로비스트로 이용해서 자신이 관여하는 유령회사에 미국의 원조를 끌어오려고 하는 국회의원 부인 김신원 여사, 그녀를 유혹하여 육체적 관계를 맺으려고 하는 김신원의 아주버니인 김 사장, 남편의 사업 성공을 위해 금옥을 사교모임에 초대하는 동창생 옥림 등은 서금옥의 물욕과 출세욕을 자극하면서 그녀를 유혹한다. 순수하게 서금옥에게 호감을 갖고 있는 미국인 미스터·베리 역시 그녀의 가정생활을 위기에 빠뜨린다는 점에서 마찬가지로 위험한 유혹자로 그려진다. 결국 서금옥은 미스터·베리와 댄스홀을 출입하고 그의 키스를 받아들이며, 김 사장이 몰래 먹인 약에 취해 그와 잠자리까지 함께 하게 된다. 김신원과 옥림에게서 받은 경제적 원조로 생활은 윤택해졌지만, 이 때문에 금옥은 그들의 이익을 위한 로비스트로, 댄서로 동원되어야 하는 상황을 거부할 수 없게 된다. 소설은 물욕에 눈이 멀어 남편을 출세시키고 아이들을 풍족하게 키우겠다는 금옥의 행동이 역으로 아내로서 어머니로서의 본분을 지키지 못하고 도리어 가정을 위기에 빠뜨리는 결과를 초래하게 됐음을 보여주고 있다.

가정주부에게 또는 여성에게 집 밖의 세계가 탐욕스럽고 냉혹한 사냥꾼들의 유혹으로 가득한 위험한 세계로 그려지고 있는 것은 정비석의 〈자유부인〉 이후 낯설고 새로운 것은 아니다. 사실 김말봉의 〈행로난〉은 〈자유부인〉의 축소판 아류작으로서의 혐의가 짙다. 그러나 금옥의 일탈에 대한 남편의 반응은 오선영을 맹렬하게 질책하는 장태연의 그것과는 사뭇 다르다.

"그래서 말야. 사실 나는 임자를 다시 안볼려고 했어. 그러나 난 임자를 내가 맡은 학생의 가장 부족한, 말하자면 낙제점인 학생을 다루는 것처럼 새로 정신을 가다듬어 다뤄 보기로 맘 먹었단 말야."

"……."

"임자는 내게 와서 아이를 셋을 낳지만, 그래서 애 어머니란 자부심도 있겠고 가난한 월급쟁이의 처라는 불만감도 있겠지만, 난 임자를 대할 땐 언제나 시집 올 때 십팔세 소녀 서금옥을 떼놓고 생각한 일은 없어. 임자는 어머니의 외딸로 과부 어머니의 응석바지 딸로 자라난, 그 환경이 임자를 오늘 이러한 과오를 범하게 한 원인이 됐는지도 몰라. 그렇지만 결혼 십년에 소위 교육가라는 내 인격이 약간의 감화라도 임자에게 주었더라면 오늘의 이런 일은 생겨나지 않았을 거야."

"……."

"임자가 죽을 죄를 지었다면 그 얼마간의 책임은 내가 져도 좋다하고 나는 반성해 보는거야."

수굿이 앉아 있는 서금옥의 턱에서 뚜둑뚜둑 떨어지는 것이 있다. (…) 교

문학소녀의 탄생

《주부생활》에 연재된 김말봉의 〈행로난〉.

육이 무엇인지 교육가라는 남편의 위치가 무엇이라는 것을 금옥은 이제
야 깨닫는 듯. 풍랑에 쫓겨가던 적은 배가 안전한 항구에 대일 때처럼
"구원을 받았다"하는 일념으로 가슴은 터질 듯 감격의 파도가 설레는
것이다.[3]

아내의 일탈에 자신의 책임도 크다고 말하며 먼저 반성하고 있는 남
편의 모습은 금옥으로 하여금 구원을 받은 감격을 느끼게 한다. 금옥이
확고한 태도로 김신원 여사의 돈과 호의를 거절하는 마지막 장면은 남
편의 사랑과 포용에 대한 감화의 결과였다.

소설 〈행로난〉은 여러 가지 면에서 〈자유부인〉을 닮아 있지만, 여성인
물에 대한 시선과 평가가 훨씬 너그럽다는 점에서 〈자유부인〉의 여성적
버전이라 할 만하다. 여성인물에 대한 서사적 평가가 다르게 나타난 것

은 저자의 젠더가 다르다는 이유도 있었겠지만, 여성을 내포독자로 전제하고 있었기 때문에 나타난 결과이기도 했다. 즉, 서금옥의 욕망과 일탈이 여성 독자의 현실에 비추어 보았을 때, 철저한 거리두기와 비판만으로 반응할 수 없는 공감의 지점이 존재하고 있었음을 작가는 의식하고 있었던 것이다.

〈자유부인〉이나 〈행로난〉과 같이 여성인물이 집 밖으로 진출하여 철저하게 일탈을 경험하게 되는 사례는 아니지만, 최정희의 〈너와 나의 청춘〉(《주부생활》, 1957년 9월~1958년 12월)은 가장의 무능력으로 직장생활을 하게 되는 여성인물 주애를 통해 직장 여성이 겪게 되는 갈등과 고민을 그리고 있다.

주애의 남편 이정기는 항일투쟁에 가담했다가 긴 옥중생활로 정상적인 경제활동을 전혀 하지 못하고 주애에게 의지하여 살고 있는 처지이다. 더욱이 주애는 이정기의 죽은 본처가 낳은 아들 성수까지 키우며 살고 있다. 생계를 위해 지인에게 부탁하여 건국문화사에 취직한 주애는 직장동료 배영의 남자답고 믿음직한 성품에서 남편의 예전 모습을 발견하며 호감을 갖게 된다. 주애는 남편과 아이가 있는 몸으로서 배영에 대한 관심과 호감을 떨쳐내려 하지만 배영이 보이는 호의적 태도에 마음이 흔들리게 되고, 사장의 딸인 한영실이 연적 아닌 연적으로 등장하게 되면서 건국문화사 내의 미묘한 삼각관계가 형성된다.

한편, 아내와 배영의 관계가 심상치 않은 것을 눈치 챈 이정기는 주애의 만류에도 불구하고 집을 떠나 광산 노동자로서의 삶을 선택한다. 주애는 남편과 가정을 지켜야 한다는 의무감과 배영에 대한 애정, 한영실과의 경쟁심으로 갈등하다가 결국 직장을 포기하고 남편이 있는 광산을 찾아가 노동자의 아내로 살아가기로 결심한다. 그러나 남편에게서는 더

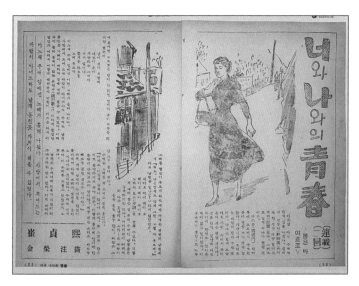

《주부생활》에 연재된 최정희의 〈너와 나의 청춘〉.

이상 예전의 항일투사의 모습은 찾아볼 수 없게 됐고, 아내의 외도를 의심하며 이정기는 날마다 술에 취해 주애를 학대한다. 주애는 그 와중에 이정기의 아이를 낳게 됐지만, 이정기는 자신의 아이로 인정하지 않는다. 광산에서의 힘겨운 가정생활을 유지하다가 다시 서울로 돌아오게 된 이정기와 주애 부부는 배영이 한영실과 약혼했다는 소식을 듣는다. 배영의 결혼식 전날, 우연히 길에서 해후한 이정기와 배영은 주애를 사이에 놓고 미묘한 신경전을 벌이다가 끝내 주먹싸움으로 번지게 된다. 한참 동안의 주먹다짐 끝에 이정기는 허탈한 웃음을 남기고 어디론가 가버렸고, 배영은 이정기가 몸싸움 중에 흘린 주애의 사진을 챙겨 집으로 간다. 다음날, 배영은 결혼식장에 나타나지 않았고 품속에서 주애의 사진을 꺼내보며, 우연이라도 주애의 사진을 손에 넣을 수 있게 된 것을 다행스럽게 여긴다. 세 사람이 어떤 운명을 겪게 될는지 정확하게 소설에서 제시되지는 않았지만, 주애와 배영이 연결되는 듯한 여운을 남기며 소설은 끝난다.

〈자유부인〉이나 〈행로난〉에서 여성인물이 집 밖에서 접하게 되는 남자와의 관계를 일탈이나 외도로 여기고 있었던 것과 달리, 〈너와 나의 청춘〉에서는 주애와 배영의 관계를 진지하고 순수한 낭만적 사랑으로 암시하고 있는 점이 특이하다. 주애는 배영이 전성기 때의 남편을 닮은 점을 들어 그에 대한 호감을 합리화하지만, 배영과의 관계를 통해 순수했던 여학생 시절로 돌아간 느낌을 갖는다든가, 그의 점잖고 신사다운 행동에 설렘을 느끼는 것은 단순히 남편을 연상하는 호감 이상의 것이다. 배영 역시 남편과 아이가 있는 유부녀 주애를 직장동료 이상의 감정으로 대하고 있지만, 여느 통속소설의 인물들처럼 육욕에서 출발한 것이 아니라는 점도 두 인물의 관계를 낭만적 로맨스로 이해하게 되는 근거가 된다.

낭만적 로맨스의 관계가 아내-남편을 중심으로 구성되는 것이 아니라, 유부녀-내연남의 관계로 구성됨으로써 인물 간의 감정의 긴장관계뿐만 아니라 사회적 규범의 경계를 넘나드는 긴장관계까지 형성되어 일반적인 연애소설과 마찬가지로 독자들의 흥미를 끌고 있다. 또한 주애의 남편 이정기를 고집스럽고 소견 좁은 부정적 인물로 묘사하고, 배영을 자상하고 사려 깊은 긍정적 인물로 대조함으로써 소설의 결말—주애와 배영의 관계 발전을 암시—에 대한 독자의 동의를 유도함으로써 기존의 일부일처제적 결혼제도의 규범에서 자연스럽게 벗어나고 있다.

이러한 서사는 전쟁미망인이 주인공으로 등장하는 소설에서도 나타나는데, 박화성의 〈바람뉘〉[4]는 납북미망인 장운희를 통해서 전쟁미망인의 낭만적 사랑을 그리고 있다. 주인공 장운희의 남편은 전쟁 때 납북되어 생사를 알 수 없다. 운희는 의사 남편 덕에 윤택하게 살던 옛날을 그리워하며, 시댁으로부터 경제적 조력을 받아 넉넉하지 못한 생계를 꾸려나간다. 운희는 경제적 곤란을 해결하는 것과 자식들을 끝까지 교육시키는 일을 가장 큰 삶의 문제라 여기고 살아간다. 그나마 경제적 지원을 해주던 시부모가 죽고 난 뒤 운희는 의지할 곳 없는 신세가 되어 시아주버니와 동서들의 눈치를 보며 살아간다. 그러던 중 운희는 잠시 친정에 들렀다가 고향친구 황석을 만나게 된다. 황석은 수산학계의 권위 있는 학자로서, 전쟁 중에 아내를 잃고 두 아이를 키우며 지내고 있다. 운희는 황석과의 조우로 잠시나마 현실의 고단함을 잊고 정신적 행복을 느낀다.

> 인간에겐 이러한 순간적인 행복도 있기에 시들지 않고 살아가는 게 아닌가. 더구나 그 행복이란 꿈에도 예측하지 않았던 때에 갑자기 나타났다가 또 바람처럼 사라지려고 하는 것이며 (…) 흥흥한 바다에서 한줄기 빛을 찾은 듯 운희의 가슴이 훈훈하게 더워오며 캄캄한 앞길이 뽀얗게 트이는 듯도 하였다. 어쨌든 현재에는 그의 존재가 하나의 빛이 아닐 수 없다.[5]

그러나 운희와 황석과의 관계를 알게 된 시댁에서는 운희에게 은근한 압력을 가해온다. 따라서 운희는 당장 시댁으로부터의 경제적 도움이 끊길 위기에 처하게 되는 것이다. 자신에게 의지가 되어주던 황석과의 관계로 인해 시댁과 갈등하게 되자 운희는 시댁과 남편에 대해 죄책감으로 방황하게 된다. 운희는 재혼을 요구하는 황석의 청을 거부하고 두 사람의 관계는 사랑이 아닌 우정으로 규정짓는다. 운희는 납북된 남편의 생사조차 알 수 없는 상황에서 황석에게 성적 욕망을 느끼는 자신에 대해 죄의식을 느낀다. 그녀는 어디에선가 방황하고 있을 남편의 환상을 더듬으며 삼남매를 훌륭히 길러내어 부끄럽지 않은 어머니가 되고자 다짐한다. 특히 장성해가는 큰아들의 모습에서 남편의 젊은 시절 모습을 발견하며 오직 자식들을 길러내는 것만이 자신이 할 수 있는 가장 성스러운 일이라고 운희는 생각한다. 그러나 납북된 친정오빠의 생존 소식을 전하기 위해 황석과 함께 고향으로 내려온 운희는 다시금 황석에 대한 신뢰와 애정을 느끼게 되고, 두 사람의 결합을 암시하며 소설은 끝난다.

2. 정조 잃은 여성의 배우자 찾기

한국전쟁이 소설에 가져온 가장 큰 변화는 결혼플롯의 변형이었다. 분단과 전쟁은 많은 여성들의 삶에서 혼사장애나 부부 간의 이산의 문제를 초래했고, 이러한 현실은 소설 속에 반영되어 사랑과 결혼의 실패에 대한 다양한 플롯을 만들어냈다. 김동리는《주부생활》에〈애정의 윤리〉(1959년 1월~1960년 6월)를 연재하기에 앞서 다음과 같이 자신의 소설을 소개한 바 있다.

6·25동란은 우리에게 수많은 모순과 비극을 가져다 주었다. 특히 38선을 사이에 두고 남북으로 갈라지게 된 가족이나 애인들에게 있어서는 나무 잎을 우롱하는 풍광과도 같이 걷잡을 수 없는 것이었다. 나는 이 소설에서 6·25동란을 계기로 하여 벌어지는 생활면의 격변과 아울러 38선을 중심하여 포연 속에 흔들리는 애정의 생태와 윤리를 그려보고저한다. 재미있게, 멋지게 써 달라는 본지 주간인 최여사의 부탁이기에 '귀지의 대우여하에 달렸읍니다'하고 장담을 쳐 놓긴 하였지만 혼자 속으론 은근히 걱

《주부생활》 1958년 12월호에 실린 〈애정의 윤리〉
연재 예고.

정이 없는 바도 아니다. 왜 그러냐하면 나는 본래 재간보다도 욕심이 많은
사람이라, 최여사가 부탁한 "재미있게. 멋지게" 정도로도 만족하지 않고 그
위에 다시 '뜻 깊게'까지 써 보고 싶은데 과연 어떨는지 모를 일이기 때문
이다. 하여튼 내 힘대로는 하다못해 최여사의 주문 정도라도 될만치 노력
해볼 작정이다.[6]

〈애정의 윤리〉는 헤어진 연인을 찾아 평양에서 단신으로 월남한 윤애
경이 피란지 부산에서 겪게 되는 치정의 사연을 그리고 있다. 부산에 아
무런 연고도 없는 윤애경은 상록다방 레지로 취직해 생계를 이어가지만,
다방주인에게 겁탈을 당하고 자살을 결심한다. 그러나 다방 단골손님이
었던 신문사의 편집장 박병호는 윤애경을 도와 직장동료인 김인숙과 함
께 지내도록 주선해준다. 김인숙과 함께 지내던 윤애경은 그토록 그리워

하던 첫사랑 이경식을 만나게 되지만, 서로 사랑했던 시절의 이경식과는 너무도 달라진 모습에 절망한다. 이경식은 이미 결혼한 몸이기도 했지만, 전쟁을 겪으며 술과 여자에 빠져 정상적인 생활을 하고 있지 않았던 것이다.

　김인숙은 타락한 이경식은 잊어버리고 자신과 함께 살자며 윤애경을 위로하지만, 자신을 겁탈한 다방주인의 아이를 갖게 됐다는 사실을 알고 윤애경은 다시금 절망한다. 김인숙은 적극적으로 나서서 아이를 지우게 하고, 윤애경에게 처음부터 호감을 갖고 있었던 박병호와 결혼할 것을 제안한다. 윤애경은 자포자기의 심정으로 결혼을 선택했지만 박병호의 자상하고 헌신적인 보살핌에 조금씩 생활의 행복을 찾아가게 된다. 하지만 갑작스러운 열차사고로 박병호는 죽게 되고 다시 혈혈단신의 몸이 된 윤애경은 다방 레지로 술집 마담으로 직업을 바꿔가며 외로운 생활을 유지해간다. 그 사이 중년의 유부남과 염문이 들려오기도 했지만 얼마 안 가서 헤어졌다는 소식과 함께, 그녀는 지인들과 연락을 끊고 사라져버린다. 어느 크리스마스 밤, 김인숙은 신계현, 이경식과 함께 간 술집에서 우연히 윤애경을 만나게 된다. 오랜만에 조우한 윤애경과 이경식은 서로에 대한 감정이 여전히 남아 있음을 느끼며 두 사람의 관계가 새롭게 시작될 것을 암시하며 소설은 끝난다.

　전형적인 통속적 멜로드라마의 성격이 강한 이 소설은 전쟁으로 인한 혼사장애와 함께 배우자의 선택이 안정적 결혼생활의 안착으로 이어지지 못하는 전후 여성의 상황을 보여주고 있다. 특히 이 소설에서는 김인숙이라고 하는 인텔리 여성의 입을 빌려 전후의 달라진 정절인식과 결혼관을 보여주고 있는데, 김인숙은 다방주인에게 겁탈을 당한 후 자살하려 한 윤애경에게 '세상은 순수하게 아름답지만도 추하지만도 않은 것이니, 무슨 일을 겪었든 간에 자기 자신이나 세상을 속단하지 말고 계속해서 살아내야 한다'고 충고한다.

애경은 울음을 그치고 눈물을 닦았다.
"애경이 내 말 잘 들어요."
김인숙은 부드러운 목소리로 입을 열었다.
"애경이 자세한 이야기를 하지 않으니까 똑똑이 안다고 할 수는 없지만, 대체로 짐작할 수는 있어요. 지금 애경이 생각으론 그것이 굉장한 일 같지만 내가 보기엔 대단치 않은 일이에요. 세상은 애경이 생각하는 것처럼 그렇게 감쪽같이 행복하거나 감쪽같이 불행한 것도 아니고, 그렇게 썩 깨끗하고 아름다울뻔한 것이 그와 반대로 된다거나 그런 것도 아니예요. 그런 건 모다 애경이 같이 어리고 순진한 소녀들이 생각하는 세상이에요. 알겠어요?"
"……."
"사노라면 이런 꼴도 보고 저런 꼴도 보고, 이런 사람도 만나고 저런 사람도 만나기 마련이예요. 추한 꼴을 보았다고 해서 세상이 전부 추한 것도 아니요, 반가운 사람을 만났다고 해서 세상에서 언제나 반가운 사람만 만나게 되는 것도 아내요. 그러니까 자기 자신이나 세상을 서뿔리 속단하지 말아야 돼요. 모든 것을 겪고 구경하며 꾸준히 살아가야 돼요. 알겠어요?"[7]

김인숙은 윤애경이 절망적 상황에 놓일 때마다 그것을 극복할 수 있는 마땅한 배우자를 만날 것을 계속해서 권유한다. 처음 박병호와의 결혼을 제안했던 것처럼, 박병호의 죽음 뒤 윤애경과 염문을 뿌린 유부남 변호사와의 관계도 좀 더 적극적으로 밀고 나가라고 권유하며, 소설의 마지막 장면에서도 김인숙은 윤애경의 첫사랑 이경식이 성실한 미술교사로 새 삶을 사는 것을 보고는 두 사람의 관계가 다시 시작되도록 종용하고 있다. 김인숙의 정조관과 연애관, 결혼관은 기존의 일부일처제적 결혼관에 위배되는 지점이 있지만, 소설 속에서 그녀가 분별력 있고 당당한 인텔리 여성으로 묘사됨에 따라서 김인숙의 새로운 정조관과 결혼관은 권위를 얻는다.

결혼과 연애, 정조에 대한 이러한 새로운 인식은 여성 독자를 대상으로 한 통속소설에서 자주 등장하고 있는데, 박경리의 〈재귀열〉에서도 이러한 인식을 확인할 수 있다. 〈재귀열〉은 1959년 2월부터 1960년 4월까지 《주부생활》에 연재된 박경리의 장편소설로, 난우와 송우라는 두 자매의 사랑이야기를 다루고 있다.

난우는 의학을 전공한 수재이지만 같은 과에서 공부하던 약혼자가 전쟁 통에 죽고 난 뒤로 공부를 그만두고 어머니를 도와 조산원 일을 하며 지내고 있다. 난우는 오래 전부터 자신을 따라다니며 괴롭혀온 서상철의 납치와 성적 학대로 인해 자포자기의 심정으로 살아가고 있다. 그러던 중 우연히 알게 된 의사 하영민의 도움으로 서상철의 납치와 폭력에서 빠져나오게 되고, 이후 하영민과 연인으로 발전하게 된다. 처음 난우는 자기 삶에서 사랑과 결혼은 깨끗이 지워버리고 살겠노라며 하영민의 구애를 거부하지만, 그의 헌신적이고 한결같은 사랑에 감동하여 받아들이게 된다. 특히 하영민은 난우가 서상철에게 지속적으로 성적 학대를 받아온 사실을 알고 있지만, 그 때문에 난우의 정절을 문제 삼거나 그녀에 대한 사랑이 흔들리지는 않는다. 오히려 끝까지 난우를 보호하여 서상철로 하여금 난우를 포기하고 자살을 선택하게 만든다.

난우의 언니 송우도 난우 못지않은 총명한 미인이지만, 1·4후퇴 때

공산주의자 남편을 떠나 남하한 후, 윤락의 삶을 살고 있다. 송우는 강상훈이라는 약혼자가 있었지만 남편의 농간으로 강상훈과 헤어져 반강제적인 결혼생활을 유지하고 있었던 것이다. 어느 날 송우는 미국에서 잠시 들어온 옛 약혼자 강상훈을 만나 연애의 감정을 느끼게 되는데, 그에게는 이미 미국인 아내가 있었다. 때문에 강상훈이 서울에 체류하는 짧은 시간만을 함께한 뒤 두 사람은 다시 각자의 생활로 돌아가게 된다.

이 소설 역시 〈애정의 윤리〉에서처럼 여성의 정조와 연애에 대한 새로운 태도를 보여주고 있는데, 난우가 서상철에게 성적 유린을 당한 것이나 사별한 약혼자 민석구와의 깊은 관계가 하영민과의 사랑에 전혀 장애가 되지 않는 것으로 받아들여진다. 하영민은 난우가 자신의 복잡한 과거로 새로운 사랑을 거부하자, 사랑은 때가 되면 다시 찾아오는 것이라며 새롭게 찾아온 자신과의 관계를 거부하지 말 것을 강조한다.

"말하겠어요. 맨 먼저 여쭐 말씀은 이미 저는 처녀가 아니라는 거예요."

(…)

"나는 놀라지 않아. 이미 그렇게 생각하고 있었어요. 누구에게나 과오는 있읍니다. (…) 난우씨 우리 모두 과거를 잊읍시다. 저지른 과오는 얘기하지 맙시다."

난우는 고개를 번쩍 쳐든다.

"과오가 아니었어요! 절대로!"

어둠을 찢는 목소리다.

"그럼 난우씨는 진정으로 그 사람을 사랑했군."

(…)

나는 사랑이 다시 돌아온다는 문구를 종이 위에 무수히 써 봤어요. 마치

사춘기에 든 소년처럼, 그리고 생각했어요. 아무리 메마른 마음에도 어떤
사소한 우연으로 애정은 다시 돌아올 수 있다고요.[8]

소설 〈애정의 윤리〉의 김인숙이 윤애경으로 하여금 절망적 현실을 부
정하고 거부하는 대신 새로운 삶을 선택하도록 종용한 것, 〈재귀열〉의
하영민이 난우에게 과거를 잊고 새로운 사랑을 받아들이라고 강조한 것
과 같이, 통속소설에서 새롭게 제시하고 있는 여성의 정조관념과 결혼관
은 일반 여성 독자들로 하여금 전후의 삶의 서사를 새롭게 상상하여 구
성하는 데에 기여하고 있었다.

여성을 내포독자로 전제하여 연재된 신문과 잡지의 통속소설에는 멜
로드라마적 로맨스에 대한 여성 독자의 판타지를 충족시키는 것 외에도
전후 여성의 현실인식과 성·결혼에 대한 새로운 윤리관을 구성하는 데
에도 일정한 기여를 하고 있었다. 여성 독자는 통속소설에서 반복되고
있는 전후 여성의 사랑과 정절의 이야기를 통해서 자기 삶의 경험을 이
해하고 해석하며, 때로는 자신의 선택을 변호하는 논리로 적극 받아들이
게 됐다.

이는 《여원》에 연재된 최정희의 소설, 〈흑의의 여인〉(1955년 10월~1956
년 10월)의 주인공 유보화가 이성배의 겁탈로 원치 않는 아이를 낳게 되
지만, 현실을 부정하는 대신 "조물주가 천지를 창조할 때부터 마련한 법
규를 깨뜨려서라도 남자로 인한 수난은 받지 않겠다"[9]고 강한 의지를 다
지는 것과 같이 자기 삶에 대한 보다 적극적인 의지표명으로 구체화되기
도 했다.

일련의 소설을 통해 확인한 바와 같이, 여성 독자를 대상으로 한 통속
소설의 대부분이 멜로드라마적 로맨스를 중심으로 구성되어 있다고 해

서, 멜로드라마에 대한 일반적 비판이 그러하듯이 여성과 남성의 젠더적 고정관념을 강화하는 부정적 결과를 낳은 것은 결코 아니었다. 리타 펠스키의 지적처럼, 멜로드라마적 로맨스는 남성의 환상보다 여성의 환상에 대해 더 많은 것을 드러내 보여준다.

이들 장르는 단순히 현재의 젠더 역할을 무반성적으로 반영하는 것이 아니라, 독자의 욕망의 관점에서 그런 역할을 상상적으로 재배치하고 재형상화한다. 무뚝뚝하지만 보호해주고, 더할 나위 없이 남성적이면서도 말할 수 없이 자상한 낭만적인 남자주인공에 관한 로맨스 모티프가 집요하게 반복되는 것도 그러한 이유에서이다.

재니스 레드위이의 말처럼, 로맨스는 무조건적이고 절대적인 사랑의 환상을 제공함으로써 보상적인 기능을 해주고, 남자의 열렬한 관심과 초조한 고독의 대상이라는 환상을 제공해주는데, 이런 욕구와 욕망은 여성들에게 주입된 것이기도 하지만 그럼에도 일상생활에서는 도무지 충족되지 않은 채 남아 있는 그런 욕망을 만족시켜주는 것이었다.[10] 전후 여성지에 연재된 멜로드라마적 로맨스소설들은 여성 독자의 낭만적 사랑의 판타지를 충족시켜주는 동시에 이들 독자가 자신의 삶에서 합리적으로 납득할 수 없는 현실과 욕망의 충돌상황을 타개할 수 있는 새로운 사랑과 결혼, 연애의 서사를 구축하고 있었다.

이처럼 여성지의 연재소설은 여성가장, 전쟁미망인 등 전후에 새롭게 등장한 여성 삶의 조건을 다룬 것들이 많았다. 이들 소설은 전쟁미망인의 낭만적 사랑의 판타지를 충족시키기도 하고, 여성가장으로서 냉혹한 현실에 뛰어들어야 했던 여성들의 욕망과 갈등을 다루기도 하면서 전후 여성의 삶의 조건을 반영한 서사를 만들어냈다.

3. 전후 지식인 여성의 성장서사

이들 서사와 더불어 여성지의 연재소설에 자주 등장하는 소설은 여대생과 같은 지식인 여성의 성장서사이다. 1950년대 여대생은 소수의 고학력계층이면서도 담론생산의 주체로서의 지식인으로 이해되기보다는 현대적 생활양식을 학습한 교양인으로 간주됐다. 더욱이 이들은 안정적인 사회진출을 보장받지 못한 채, 가정 내의 영역으로도 완전히 정착하지 못한 불안한 위치에 처해 있었다. 따라서 1950년대 여성지의 연재소설에 등장하는 여대생 인물들은 경제적 불안과 실존적 불안을 동시에 안고 살아가는 존재로 그려진다. 《여원》에 연재된 바 있는 강신재의 《청춘의 불문율》의 주인공 영화 역시 이러한 불안을 느끼며 이를 적극적으로 극복하고자 시도한다.[*]

지방 전문대학 영문과에 재학 중인 '영화'는 가난과 비굴함과 '가족'이라는 운명적인 테두리에서 벗어나고자 결심하고 혼자 상경한다. 영화는 친구 송경구의 도움으로 김호준의 집에 가정교사로 들어간다. 쓸쓸한 인상의 말 없는 김호준, 한때 철민이의 가정교사였던 우길수와 불륜에 빠진 학순 여사, 철없고 현실감각 없는 딸 애리, 반신불수인 영민, 그리고 장난꾸러기이며 외로운 철민으로 구성된 가정에서 영화는 철민을 모성과 사랑으로 대한다. 그곳에서 영화는 애리의 일을 돌보아주는, 고아로 성장한 의지적인 청년 박윤을 만나 사랑의 감정을 키워간다.

어느 날 영화는 황 여사의 초대로 약혼축하연에 갔다가 애리와의 갈

---

[*] 강신재, 《청춘의 불문율》, 여원사, 1960. 이 소설은 《여원》에 1958년 2월부터 12월까지 연재되다 중단된 후 1960년 여원사에서 단행본으로 출간됐다.

등으로 박윤과 소원하게 되고 그 집을 나와 서울 변두리에 방을 얻어 지낸다. 그곳에서 영화는 우연히 김호준을 만나게 되고, 호준은 영화에게 그동안 호감을 갖고 있었다는 고백과 함께 다이아를 선물한다. 얼마 뒤, 영화는 신문을 읽다가 김호준이 간첩으로 활동했으며 동료인 최 씨에게 살해당했다는 사실을 알게 된다. 영화는 김호준의 아들 철민이 걱정되어 다시 그 집으로 들어간다. 호준의 집으로 돌아온 영화는 김호준과 관련됐다는 이유로 간단한 조사를 받은 후 고통스럽게 남아 있는 전쟁의 기억과 자신의 처지를 생각하며 괴로워한다. 그 무렵 영화는 우연히 박윤과 해후하게 되고 두 사람은 서로의 사랑을 확인한 후 영화의 고향으로 함께 떠난다.

'유능'하다는 말은 영화의 머리에는 가장 매력있는 어휘의 하나였고, 무엇이라도 해치울 수 있을 것 같은 자신과, 아무 것도 해본 경험이 없다는 주뼛거림은 다 함께 이 일자리로써 테스트를 받아야 하는 것이었다. 영화는 입학시험 때처럼 마음을 사리며 여러가지 말을 자기에게 타일렀다.[11]

영화는 "자기 속에만 있는 것이고, 누구에게 기대면서 바랄 수 있는 것이 아닌" 주체적인 '힘'을 갖고자 한다. '능력'은 영화 개인에게뿐만 아니라 전후 현실을 극복하고 자본화의 길로 들어선 당대에 가장 긴급히 요구되는 자질이었을 것이다. 이러한 내면에 대한 인식과 현실에 대한 의지 표명은 현실을 직시하고 자립하고자 하는 여성상을 보여준다.

이 세상에는 아름답고 즐겁기만 한 것이 없지는 않고, 그 최상의 것은 '사랑'이다. (…) 이 향기로운 밤은 참 얼마나 '사랑'과 어울리게 나들어져 있을까.[12]

작품에서 낭만성을 유지하되 환상적 감각으로 나아가지 않으려는 이유는 그들이 모두 자신의 생활을 '독립적'으로 지켜나가면서 기본적인 생활을 영위해야 할 삶의 토대를 마련해야 한다는 점에 있다. 그래서 그들은 공적영역과 사적영역의 구분을 통해 감정을 조절해나가는 것이다. 이는 전쟁 이후 경제적인 합리주의 요소가 널리 보급되는 방향으로 바뀌어가는 상황으로 확대해볼 수 있다.《청춘의 불문율》은 자기 삶의 국면을 스스로 타개해나가고자 하는 영화를 통해서 전후의 주체적이고 적극적인 개인으로서의 여성 인물을 제시한다. 또한 전쟁의 참상을 중심으로 형상화한 여타의 작품들과 달리 여성적 시각에서 일상을 전면에 내세우면서 전후 현실을 재현하고 있다는 점에서 전후 여성의 경험을 의미화하고 있다.

5장
여성지의 문인 에세이와 지상문예강좌

1. 여성지의 문인 에세이: 글쓰기를 통한 '생활의 발견'

여성 독자들이 문학적 생활을 가깝게 접할 수 있었던 것은 여성지에 연재되고 있었던 문인들의 에세이였다. 당시 《여원》이나 《주부생활》에는 고정 필자의 에세이가 연재됐는데, 그러한 글의 필자는 조연현, 박목월, 천경자, 최정희, 마해송, 조지훈 등의 문인들이었다.

일반적으로 여성지에 고정적으로 연재됐던 글은 교육·법률·의학·양재·미용·요리 등에 관한 정보기사와 시, 소설, 만화, 에세이 정도였다. 그 외에도 특집기사나 좌담, 설문조사, 명사 인터뷰 등이 고정적으로 운영되고 있었지만 한 명의 필자가 일정기간 동안 연재한 경우는 소설과 만화, 에세이가 전부였다. 한 명의 필자가 장기간 연재를 하기 위해서는 무엇보다도 필자에 대한 독자들의 신뢰와 선호가 전제되어야 하며, 또한 글의

《주부생활》에 연재된 박목월의 에세이 〈여인의 서〉와 모윤숙의 에세이 〈그 아내의 수기〉.

주제와 내용 역시 독자들의 관심사와 부합해야만 했다. 만화를 제외한 나머지 연재물들 중 소설과 시, 문인의 에세이가 독자들의 관심사에도 부합하면서 저자에 대한 선호와 신뢰를 갖고 있었다는 말인데, 이들 글은 모두 문학적 글쓰기라는 공통점이 있다. 특히 문인들의 에세이는 시나 소설과 달리 저자의 목소리가 직접 발화된다고 여겨졌기 때문에 독자가 느끼는 저자와의 거리는 훨씬 가까운 것이었다.

《주부생활》에 연재된 문인 에세이는 박목월의 〈女人의 書〉, 조연현의 〈문학과 인생〉, 마해송의 〈사랑하는 사람에게〉, 모윤숙의 〈그 아내의 手記〉, 천경자의 〈육아일기〉, 조지훈의 〈생활의 꽃밭〉 등이 있었고, 《여원》에 연재된 에세이는 최정희의 〈생활의 지혜〉가 있었다. 이 글들은 일기, 편지 등의 형식으로 일상의 소소한 화제에 대한 관찰과 사색이 주를 이룬다.

구체적인 내용은 육아, 요리, 유행, 부부 간의 갈등, 자녀교육, 주거 등 가정의 영역 또는 여성의 영역에 관련된 화제들로, 각기 다른 이야기를 하는 것처럼 보이지만 여성 독자를 염두에 둔 이 글들은 공통적으로 사색과 성찰을 중심으로 한 감성적 고백의 성격이 강하다. 이러한 문인 에세이가 공식적인 문학론은 아니지만, 문학과 언어의 세계를 통한 사색을 주로 하고 있기 때문에 독자들은 이러한 문인 에세이를 통해서 문학 혹은 문학적 글쓰기의 개념을 형성할 수 있었다.

문인 에세이의 내용을 종합하면 몇 가지 공통적인 특징이 나타나는데, 일상의 관찰과 사색을 통해 '생활의 의미를 발견'하고 있다는 점, '유년기에 대한 향수'가 두드러지며 '과거에 대한 그리움과 낭만적 동경', 상실감 등이 반복되고 있다는 점, 끝으로 '고독에의 심취를 통한 개성의 발견'이 그것이다.

아래 글은 화가이자 수필가인 천경자가 아이를 키우며 겪게 되는 소소한 일화를 기록한 〈육아일기〉이다. 육아일기라고는 하나 아이의 성장에 대한 자세한 기록보다는 주부로서, 어머니로서 또는 여류예술가로서 느끼게 되는 생활에 대한 감상과 일상적 사색을 주로 담고 있다.

나는 공연히 마음이 상할 때 꽃집에 들어가면 상처에 마큐롬을 바르고 붕대로 따듯하게 덮어 감은 것처럼 안도감을 느낀다. 언제나 경제가 허락치 않아 비싸고 좋은 것은 사보지 못한다. 그러나 유리컵에 들어갈 정도의 한송이 두송이의 꽃을 사들고 텅비인 마음을 가득 채워보는 것이다.

후리-쟈 향기에 묻쳐서 쫑쫑의 자는 표정을 바라본다. 뭔지 모르게 벅찬 의욕이 가슴에게 안개를 치는 것 같다. 내일쯤 날씨가 좋다면 하늘색 물망초를 옷깃에다 달고 머-ㄹ리 떠나간 낭만을 다시 불러보고 싶은 생각이

다. 그리고 쫑쫑과 더부러 1959의 영원히 돌아오지 않은 이 봄을 마음껏 보기로 하자.[1]

필자 천경자는 밤하늘의 달을 바라보며 따뜻한 삶의 태도를 다짐하고, 아이를 씻기는 동안에도 조용한 사색에 잠기며, 프리지아 옆에서 잠든 아이를 보며 삶에 대한 벅찬 의욕을 가슴 가득 느낀다. 아이를 키우고 살림을 하는 일상의 모든 것이 필자에게는 관찰과 사색의 대상이 되는데, 이러한 관찰과 사색을 통해 육아와 살림이 이루어지는 일상적 가정공간은 여성의 내면을 형성하고 개성을 창조하는 공간으로서의 의미를 갖게 된다.

여성지의 문인 에세이는 여성 독자가 동경하는 문화예술계의 필자를 섭외하여 그들의 일상적 경험과 삶에 대한 성찰적 태도를 세련된 문장으로 표현하고 있다. 화가 천경자의 〈육아일기〉는 가정주부로서 아이를 보살피는 어머니의 마음, 바쁜 가사일 중에도 생활의 기쁨과 행복을 발견하는 섬세한 시선을 통해 가정이라는 사적 공간을 여성 삶의 무대로 새롭게 재구성한다. 이러한 문인 에세이의 시선은 여성 독자의 독서 태도와 글쓰기 규범을 지도하는 사례로 확장되기도 하는데, 독자문예의 심사자이자 여성의 글쓰기 지도를 여러 방면에서 실천해온 박목월의 에세이에서 찾아볼 수 있다.

우리는 지나치게 먹고 입는 것의 노예가 되어버리기 때문에 영원한 아름다움에 대한 혹은 높은 진리에 대한 줄기차고도 보람있는, 인간으로서의 자기의 영혼을 스스로 높이는 이런 꿈을, 그것에 대한 동경을 망각해버리는 것이다. 이런 동경에 사로잡힌 심정이야말로 참된 것, 아름다운 것에 대

문학소녀의 탄생

한 갈망으로 목이 마른 그 갈증의 심정일 것이며, 이런 심정이 스스로 사람의 영혼을 맑게 하고 잡된 것을 씻어주고 또한 정결하게 하는 것이다. (…) 우리가 사소한 것이라 해서 눈여겨보지 않는 것에 깊은 관심을 가지게 된다며는 우리의 생활이 얼마나 넉넉한 것으로 충만할 것인가.[2]

우리가 때로 극장에 드나들고 독서로서 한가로이 한때를 보내는 것도 꼭히 독서로 말미암아 지식을 얻자는 그런 공리적인 욕심에서보다 생활에 시달린 마음을 잠시 풀어보는 그 '생활의 여유'에서 위안을 받으려는 일일 것이다.[3]

계절과 일기의 변화를 관찰하며 영원한 아름다움이라는 진리를 생각하고, 뜰을 가꾸면서 생활의 여유와 위로를 찾는 이러한 사색의 태도는 평범한 일상이 실은 풍부한 심미적 가치를 지니고 있다는 믿음에서 출발한다. 이러한 현실인식의 태도에서 독서와 글쓰기는 세계를 인식하는 주관성을 길러내고 심미적 감각을 세련화하는 과정으로 이해된다.

일상에 대한 관찰, 익숙한 세계에 대한 의미부여를 통한 감수성의 발견은 문인 에세이에 공통적으로 나타나는 심미적 세계인식의 태도이다. 일종의 '생활의 발견'이라 할 만한 이러한 에세이가 내포독자를 여성으로 설정하고 있는 잡지에서 꾸준히 연재됐다는 사실은 여성의 독서를 가정적·사적 영역과 관계 맺게 함으로써 독서와 사색, 글쓰기를 통한 여성개성의 발견과 자기창조의 미학이 가정과 일상의 영역 내에서 자족적으로 일어나는 것으로 이해되고 있었음을 짐작할 수 있다.

2. 여성지의 문인 에세이: 낭만적 과거를 향한 노스탤지어

문인 에세이에 나타난 또 다른 특징은 유년 시절에 대한 낭만적 향수와 동경이 자주 드러난다는 것이다. 순수했던 시절에 대한 그리움과 아련한 향수는 지금은 사라져버린 낭만적 세계에 대한 동경이며 감상주의적 세계인식의 전형적인 태도이기도 하다. 우연히 소중한 장소를 방문하거나 특별한 음악이나 노래를 들을 때 어린 시절의 추억이 떠올라 눈물을 흘리게 되는 것은 자기 삶의 역사에 대한 자전적 인식에서 비롯되는 것으로 이러한 태도는 감상적인 세계인식과 깊은 관계가 있다.

> 온 집안식구들이 환성을 울렸다. 어머니가 뜰에다 도마를 놓고 대구의 배를 따고 알을 뺄때 나는 아이들을 동원시켜 견학시켰다. 어린시절의 보금자리같은 향수의 씨를 뿌려주기 위함인데 가장 흥미롭게 드려다 보고 있는 것은 미도파였다.[4]

천경자의 〈육아일기〉에는 자녀의 유년기에 각인될 특별한 기억을 만들어주고자 하는 마음을 표현하고 있다. 특별한 식재료로 요리를 준비하는 과정을 아이들에게 보여줌으로써 "어린 시절의 보금자리 같은 향수의 씨를 뿌려"준다고 말한다. 일반적으로 유년의 기억은 한 개인의 정체성 근원에 존재하는 기억으로 간주된다. 가장 풍요롭고 행복했던 유년의 기억이 멀어지면서 아이는 사춘기를 겪고 세상의 모순과 결점을 받아들이는 성년으로 성장하게 된다. 그렇게 성인이 됐을 때 더 이상 돌아갈 수 없는 유년의 기억은 삶에서 가장 애틋하고 그리운 시절이자 낭만적인 기억으로 재구성된다.

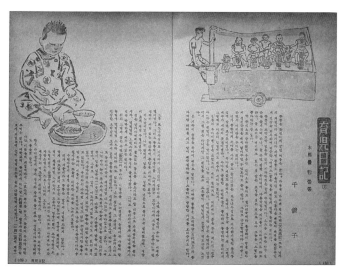

《주부생활》에 연재된 화가 천경자의 에세이 〈육아일기〉에는 작가가 직접 그린 삽화가 포함되어 눈길을 끈다.

여성 독자는 문인 에세이를 읽음으로써 독서를 통한 감상적 세계인식을 내면화하고, 과거의 시간에 대해 '순수하고 아름다웠던 옛 시절'이라는 낭만주의적 이미지를 만들어낸다. 이와 같은 감상적 세계인식이나 낭만주의적 동경은 여성 독자에게 있어서 문학적 글쓰기의 욕망을 추동해내는 동인이 된다.

박목월은 〈여인의 서〉 3장에서 어린 시절 짝사랑했던 소녀 일화를 소개하며 "소년기의 다감다정한 공상과 사춘기의 고적한 생활"을 "정화시키고 미화"시켜 어둡고 어수선했을 사춘기를 순수하게 보낼 수 있었다고 고백한다. 또한 이 기억은 소년기를 지나 자기 삶의 한 부분을 차지하고 있었으며, 《문장》에 추천을 받아 발표한 〈연륜〉은 어린 시절 고향마을의 그 소녀를 생각하며 쓴 것이라 말한다.

이야기는 이것에 그치지 않는다. 경사를 쓰던 그 소녀에 대한 이야기는 말하자면 내게는 쑥스러운 표현이나 첫사랑이었다.

"슬픔의 씨를 뿌려놓고 가버린 가시내는 영영 오지를 않고…… 한해 한해 해가 저무렁 질(質) 고운 나무에는 가늘은 가늘은 핏빛 연륜이 감기었다. // ……가시내사" (…)

이것은 연륜이라는 졸작이다. 이십여 년 전에 첨으로 《문장(文章)》이라는 잡지에 추천을 받은 것이다. 물론 작품으로서는 이제 보니 동시(童詩)처럼 어린 것이다. 그러나 〈귀에 쟁쟁쟁 차마 못 잊는 웃녘 사투리〉라는 것이 바로 그 소녀의 목소리다. 그리고 이 연륜은 소년 시절의 애틋한 나의 사모의 감정과 그 소녀에 대한 슬픔을 노래한 것이다.[5]

독자의 관점에서는 동경하는 작가가 어떻게 작품의 모티프를 구상하고 자신의 문학적 세계를 구축했는지 궁금하고 흥미로운 내용이다. 여성지의 문인 에세이는 단순히 작가의 신변잡기를 기록한 것이 아니라 잠재독자에게 여성다운 삶의 태도, 내면, 문학적 감수성을 간접적으로 제시하고 있었다. 박목월이 연재한 〈여인의 서〉가 단행본으로 출간됐을 때 작가는 이 글의 첫 번째 독자를 여성으로 생각하며 "여인에게 드리는 글"로 제목을 구상했노라 후술한다. 작가의 삶에서 첫 번째 추천작이 소년기의 추억에서 비롯됐다는 고백은 잠재독자에게 과거 유년기나 소년소녀기의 순수함에 대한 감상적이고 낭만적인 향수는 문예창작의 세계에서 가장 중요한 요소임을 시사한다.

훼손되지 않은 순수한 원형의 감정, 영원한 영혼의 꿈 등의 추상적 수

식어는 여성지의 지상문예강좌에서 자주 언급되는 창작방향이었다. 사회적 갈등과 역사적 문제의식과는 무관하게 개인의 사적 체험을 대상으로 한 감상주의적 글쓰기가 여성적 문학세계이자 순수한 여인/소녀의 글쓰기임을 여성지의 문인 에세이는 반복적으로 강조하고 있었던 것이다. 문인 에세이에는 이러한 감상주의적 글쓰기의 방법으로써 고독에 대한 예찬과 사색을 강조한다.

> 나의 생리는 희망의 아침보다, 희망이 아득한 황혼을 더 좋아한다. 그리고 태양이 이글이글 타는 빛나는 날씨보다는 촉촉이 젖은 우천이 좋다. 아마도 배암같으면 봄과 여름이 아니라 동면기가 더 중요하고 그러한 고독이 강조되는 시간과 분위기가 도리어 포근하니 안심할 수가 있다는 것이다.[6]

뱅상 뷔포는 "존재하고 있다는 인식은 구속받지 않고 자유롭다는 느낌"이기도 한데, 마음과 자연 사이의 경계가 사라지고 "이유 없이 눈물을 흘리고, 심정을 토로할 대상을 규정할 수 없으며, 여러 관념이 서로 교차됨을 알게 되고, 자기 자신을 잊어버리는" 상태가 고독이라고 말한다. 그는 고독의 자각이 주체성을 위한 본질적 의미를 지니는 가장 큰 이유이고, 이를 자각한 순간 사람들은 글쓰기의 충동을 느낀다고 말한다.[7] 고독의 자각은 글쓰기의 주체로서 자신의 내면을 발견하는 사유의 과정이자 개성적 주체로 자기를 구성하는 필수적 과정이다. 이러한 맥락에서 조연현은 사색과 글쓰기에 왜 고독이 필연적으로 경험될 수밖에 없는가를 〈문학적 인생론〉에서 말하고 있다. 이 글 역시 여성지의 잠재독자인 여성독자를 대상으로 한 문인 에세이로 권위 있는 평론가의 언술로써 문학적 삶의 태도를 제시한다.

인간이 고독을 느끼는 것은 자기의 존재를 의식하는 것이며 자기의 존재를 의식한다는 것은 자기의 가치를 각성하는 것이 된다. 이런 의미에서 고독의 의식은 전체의 표준에서 이탈하려는 형식을 통하여 사실은 자기 자신을 찾아가는 정신이 된다. 자기를 찾아가는 이 고독의 세계가 패자의 길이 되는가 승자의 길이 되는가 하는 것은 고독 자체의 문제가 아니라 고독 속에서 발견된 자기의 능력의 문제에 속한다. 무능한 사람은 고독이 자기 변명의 패자의 미학이 될 것이며, 유능한 사람은 고독이 자기 창조의 승자의 미학이 될 것이다. 그 어느 길을 찾게 되든 일단, 자기 자신의 세계 속에 들어선다는 것은 아름다운 것인가, 그래서 모든 서정시인들은 고독의 미학을 노래하는 것일까.[8]

문인들의 사색적 에세이는 일상에 대한 관찰과 사색, 유년 시절에 대한 낭만적 동경, 고독의 향수 등을 통해서 대상에 대한 몰입과 정서적 공감이라는 세련된 심미안을 형성했다. 이러한 문인 에세이의 감수성은 여성 독자의 문예취향에 지속적인 영향을 끼쳤고, 이러한 여성 독자의 감상주의적 세계인식은 독자문예라는 보다 적극적인 방법을 통해서 표현되기도 했다. 여성지의 〈독자문예교실〉이나 〈애독자현상공모〉, 〈독자사교실〉에는 콩트나 수필, 시 등의 문예창작물이나, 다른 독자의 문예작품에 대한 감상의 글을 투고함으로써 여성 독자들은 잡지를 매개로한 센티멘탈한 문예공동체적 정체성을 구성하게 된다.

일상에 관찰과 사색, 낭만적 동경과 같은 포즈는 자연스럽게 대상에 대한 몰입과 정서적 유대, 공감을 순수한 문학적 세계인식의 고급한 태도로 여기게 했다. 대상에 대한 객관적 거리두기나 냉철하고 비판적인 분석태도가 아닌, 애정과 공감과 유대의 태도가 현실을 보다 고상하게 인식하는 여성적 포즈로 받아들여졌다. 평범한 일상을 섬세하게 관찰하고 남다른 감수성으로 의미를 발견함으로써 여성은 개성적 주체로 자신의 내면을 구성할 수 있었다. 특히 대상의 가치를 발견하는 방법으로 선호됐던 대상을 표현하는 언어의 의미와 그 깊이를 이해하는 것이나 문학작품 속에서 재현됐던 사례로서 대상에 대한 통찰을 도모하고 있었던 것은 이러한 여성의 교양과 개성의 발견이 문학을 통해서 가능했음을 짐작케 한다.

그렇다면 여성 독자들이 이러한 문학적 세계인식의 태도를 실제 문예창작을 통해서 어떻게 드러내고 있었고, 이러한 공통된 태도가 문예공동체로서의 여성 독자 간의 정체성 형성에 기여하고 있었는가를 살펴볼 차례이다. 이제 그들이 시, 소설, 수필 등의 문학적 글쓰기가 어떻게 이루어지고 있었는지, 그리고 기성 문인들에 의해 계도되고 있었던 문예창작의 규범은 무엇이었고, 여성들은 이러한 규범에 어떻게 조응하고 있었는가를 살펴볼 차례이다.

3. 독자선후평과 문예교실: 센티멘털리즘의 경계

여성지에 연재된 문인들의 에세이는 '감수성을 바탕으로 한 세련된 심미적 감각의 세계'로서의 여성적 문학개념 형성에 기여했다. 여성 독자들은 이러한 문학개념을 전제로 하여 다양한 글쓰기를 시도했는데, 이는 여성지의 〈독자문예교실〉이나 〈애독자현상문예공모〉, 〈여류현상문예공모〉 등의 지면을 통해 확인해볼 수 있다. 이러한 독자문예교실은 서정주, 김동리, 최정희 등 기성작가의 선후평을 통해서 간단한 문예 지도를 받을 수 있었을 뿐만 아니라 다른 독자들의 독후감을 공유함으로써 문예 창작에 대한 독자 일반의 관심과 참여를 지속시킬 수 있었다.

이 외에도 〈주부서한문강좌〉나 〈주부문장강의〉 등 비전문적 문예집단 인 주부를 대상으로 다양한 문장 강의를 소개함으로써 여성 독자의 글 쓰기에 대한 욕구를 충족시키는 한편, 여성(또는 주부)의 글쓰기 규범을 구체적으로 제시하고 있었다. 이들 문예 강좌에서 일관하고 있는 여성 글쓰기 규범 역시, 가정적 영역을 중심으로 한 여성적 문학개념을 전제 로 하고 있었다. 《여원》은 1958년 1월 〈주부를 위한 문장강좌〉를 특집으 로 구성하여 좋은 문장이 무엇인가를 밝히고 다양한 장르의 글쓰기를 예시했다.

> 그러므로 **문장은 말하듯 쓰면 되는 것**이다. 우리는 뜰 앞에 함박꽃이 탐스 럽게 피인 것을 바라보고 이렇게 찬탄을 한다. '어쩌면 저렇게도 탐스럽게 피었을가? 마치 우리 딸 혜련의 얼굴처럼 환하구나' 본대로 생각난대로 무 심코 한 말이다. **글이 쓰고 싶어서 우리는 이것을 글씨로 표현해 본다. 자 기가 아까 말한 그대로 우리가 배우고 익혀서 알고 쓰는 한글, 글자로 옮겨 서 기록해 본다.** (…) 글자로 써 놓고 보니 이것은 곧 문장이 된다. (…) 문장 은 별것이 아니라 이러한 것이다. **본대로 느낀대로 잘만 표현하면 고만이다.** (…) 글의 표현도 역시 간명해야 하고 중복이 되지 않고 지리하고 멸렬하지 않아야 하고 아름답고 재치있게 잘 남이 이해하도록 요령있게 글을 쓰 는 사람을 글을 잘쓰는 사람이라 할 것이다. 역시 바꾸어 말한다며 **문법을 지켜서** 글의 순서를 세우고 질서를 차려서 글이 명료하도록 미적으로 표 현하는 사람을 가리켜 문장을 잘 표현하는 사람이라 할 것이다.[9]

내가 읽기를 쓰기 시작한 것은 아주 어렸을 적 국민학교에서 글쓰기를 배우기 시작하면서부터 였습니다. (…) 그러나 **내가 글쓰기를 배우고 연마한 것은 또한 그 무질서하고 또 솔직하게 자기와 자기 생각이라는 것을 표현해 나가던 그 일기에서였습니다.** 또한 **내가 자기라는 것을 반성하고 생각하게 된 것도 이 일기를 써나가며** 또는 묵은 일기를 읽어가며 가장 절실히 느꼈던 것입니다. 내 생활과 내 마음을 거울처럼 고대로 비추어주는 그 일기들을 읽으며 나는 성경을 읽을 때 이상으로 진지하게 자기를 돌이켜 비추어 보곤 했던 것입니다. (…) 일기장이란 내 마음의 보배, 내 숨김없는 감정의 온상이었습니다. (…) **이렇게 하면서 내 감정은 세련되고 또 정리되어 나온 것 같습니다.**[10]

위의 필자들은 글을 쓴다는 것은 일상의 감정을 세련화하는 훈련의 과정이자 자신의 내면을 발견하는 과정이라고 말한다. 이러한 글쓰기는 뛰어난 문장력이나 특별한 사상적·철학적 세계인식의 태도를 필요로 하는 전문적인 것이 아니라, 자신의 감정과 생각을 진솔하게 정확하게 표현하는 소박함과 일상에 대한 개성적 관찰을 필요로 하는, 개인적이고 비전문적인 것이라 할 수 있다. 즉, 1950년대 여성지에서 반복적으로 제시되고 있었던 여성 글쓰기와 여성의 독서에 대한 규범은 공통적으로 여성의 문학경험을 비전문적이고 감성적인 영역에서 이루어지는 것으로 간주하고 있었다.

실제로 〈독자문예교실〉에서 매회 가장 중요하게 지적되고 있는 내용이 맞춤법과 띄어쓰기에 대한 것이었다는 사실은, 독자문예에 참여하는 대다수의 여성 독자가 글쓰기에 대한 전문교육을 전혀 받지 못한 이들이었음을 짐작케 한다. 《여원》의 〈독자문예교실〉에 투고된 산문 심사를 맡은 김동리가 매회 반복적으로 지적하고 있었던 내용 또한 한글맞춤법에 집중되어 있었다. 내용이나 주제의 완성도를 평가하는 것이 아니라 정확한 한글맞춤법을 지키고 있는지, 불필요한 한자어를 남용하고 있지는 않은지를 점검하는 것이 독자의 글쓰기 수준에 맞는 지도방향이라는 판단에서였다.

> 그러나 이 글은 문장이 너무 서툴다. 맞춤법도 너무 많이 틀린다. 직업적 문인이 아닌 이상 어떻게 완전무결한 맞춤법을 쓰겠느냐 할는지 모르나, 그러나 한국 사람이면 이것은 누구나 지녀야 할 교양의 기본조건이다. 더욱이 독자문예라도 문예에 손을 대는 이상 맞춤법은 좀 더 중시되어야 하겠다.[11]

> 〈십자매〉는 새 이름입니다. 퍽 재미있는 글입니다. 문장도 상당히 세련되었읍니다. 그러나 맞춤법이 더러 틀리는군요. 그리고 한문글자도 섞어쓰지 마십시오. 〈별을 헤이며〉 이 작품도 무난합니다. 그러나 띄어쓰기를 좀더 공부해야 되겠읍니다. (…) 대체로 무난하기는 하나 좀더 뼈 있는 글을 쓰도록 노력하십시오.[12]

다음으로 자주 지적되는 내용은 센티멘털의 과잉이다. 문학이 감수성을 바탕으로 하는 예술인 것은 사실이나, 자기만의 감상에 빠져서 읽는 이의 공감을 불러일으키지 못하는 글은 감수성이 아닌 감상주의의 과잉에 불과하다는 것이다. 김동리는 산문선후평에서 "본래 애상(哀傷)이니 감상(感傷)이니 하는 것은 다감다정에서 오는 것이요, 따라서 그것은 문학 또는 예술의 바탕이 될 수 있는 요소"라고 인정하면서도 "쓰는 사람

자신이 애상과 감상에 빠지기만 하고 읽는 사람을 끌어들이지 못한다면 그것은 성공한 글이 못 된다"고 지적한다.[13] 그는 사색적이되, 필요 이상으로 "심각한 포-즈"를 취하지 말고 가능한 한 평이하게 쓰는 것이 필요하다고 말하며 독자문예의 센티멘털 과잉을 경계한다.[14]

같은 맥락에서 서정주는 독자문예의 감상주의적 태도에 대해 신경질적인 반응을 여과 없이 표출하기도 한다. 그는 "시의 말들이 (…) '향수, 동경, 낭만, 희망에 살고 고독에 외롭고 회의에 전율하고 권태와 허무에 녹아 우울히 절망에 죽었느니 어쩌니' 아무리 해본댔자 이것들은 사물의 사실의 뜻 옆을 번뜻번뜻 지나치는 바람둥이 강아지와 같을 뿐"[15]이라고 말하며 "기계병, 허뭇병, 또 구토병이라던가 허는 이상헌 병 기타의 여러가짓병들"을 소재로 한 시들은 "눈치와 손재주의 시"에 불과하다고 혹평한다.[16] 이들은 독자문예의 센티멘털리즘 과잉이 어설픈 문학소녀들을 양산하게 될 것을 엄격하게 경계한다.

이 작품은 **소녀다운 작품**이라고 하겠읍니다. **아름답고 가련한 작품입니다. 그러나 너무 감상적이며 기분적입니다.** 이러한 점을 다 합해서 소녀다운 작품이라고 말한 것입니다. 그러나 **문장을 쓴다, 작품을 만든다, 하는 데는 소녀다움만으로서는 부족합니다.** 좀더 깊이 **생각하는 점이 있어야 하겠읍니다.** 아름다운 감정 그것은 물론 좋은 것입니다. 그러나 그것이 아름다운 작품이나 문장이 되려면 거기엔 **좀더 깊은 생각과 표현에 대한 노력이 뒤따라야 하겠읍니다.** 좀더 객관적으로 그려내도록 해야 하겠읍니다.[17]

선자(選者)들의 선후평에서 강조되고 있는 감수성(sensibility)과 감상주의(sentimentalism)의 구분은 주목할 만한데, 이들은 이러한 구분을 통해

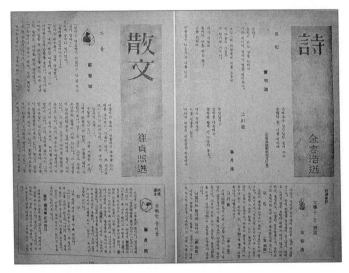

《여원》의 시, 산문 선후평.

서 문학적 교양의 세련된 미덕을 구체화하고 있다. 즉, 감수성을 단지 애정의 감동이나 고통의 감동이 아니라 대상의 본질적 의미를 감각적으로 받아들이는 능력으로 전제하며, 진정으로 감성적인 인간은 마음이 여리고 눈물을 잘 흘리는 사람이 아니라, 다른 사람들이 무관심하게 보아 넘기는 바로 그것에서 감각을 받아들이는 사람이라는 것이다. 따라서 이러한 의미의 감수성을 훈련하기 위해서는 사물 간의 관계를 인식하는 것을 방해하는 과도한 감정의 움직임을 억제하는 한편, 대상에 대한 거리두기와 평온한 심리상태에서 경험하게 되는 통찰력이 있어야 한다고 주장하는 것이다. 독자문예에서 자주 발견되는 "과도한 포-즈"와 "소녀다움", "감상적이고 기분적인 태도"는 문학에 대한 감수성이 부족한 감각적인 감상주의에 불과한 것이기에 선자들의 비판의 대상이 된다.

문학소녀의 탄생

4. 〈독자문예〉를 매개로 한 센티멘털리즘의 공유

여성 독자들의 문예취미를 반영한 여성지의 편집체제는 문인들의 에세이를 통해서 감성적 영역으로서의 여성적 문학개념을 구성했다면, 이러한 문학개념이 여성 독자 일반이 오해하고 있는 센티멘털한 감상주의와는 구별되는 것임을 〈독자문예교실〉의 선후평에서 계도하고 있었다. 그러나 문인들의 권위적인 발언을 통한 여성적 문학개념의 형성과는 별개로 독자 내부에서는 여전히 감상주의적 문예 취향이 공유되고 있었는데, 〈독자싸롱〉, 〈독자통신〉 등의 지면을 매개로 한 독자 간의 커뮤니케이션에서는 〈독자문예〉에 대한 감상주의적 독후감이 공유되고 있었다. 이들은 스스로를 '문학소녀'라 자처하며 《여원》을 읽으며 문학을 공부하고 있노라 말한다. 〈독자문예〉에 발표된 글의 필자에게 공개적으로 독후감과 함께 팬레터를 보내는 것이 자주 목격된다. 이들은 〈독자문예〉의 글을 읽으며 시, 콩트, 수필을 투고할 용기를 얻기도 하고 문학에 대한 관심과 애정을 지속할 수 있었다.

서울 마포구, "〈문학소녀의 꽃밭인 독자문예〉: 나도 누구 못지않게 문학을 애끼는 소녀이기에 나와 같은 입장에 있는 그들의 시나 산문을 마치 내 친구한테서 오는 아름다운 편지를 읽듯이 읽고 있습니다. 한국소녀들의 (⋯) 독자문예란을 잘 키워주십시오."[18]

"4월호 독자란에 수필을 투고하셨던 최봉희님 잘 지내시는지요. (⋯) 《여원》지상을 통하여 안부 전합니다."[19]

용산구 후암동 김정아, "〈문예교실〉에 소개된 문영숙씨께 부칩니다. 지난 호 〈독자의 산문〉에서 당신께서 쓰신 〈앵두의 임종〉을 읽었읍니다. 그야말로 앵두같이 동글동글한 소녀품이 풍기는 작품이었읍니다. (…) 저는 문학 취미는 있으되 천질이 없어서 한편의 꽁트조차 써보지 못하고 있읍니다. 어떤 것이 되든지 지금까지 공부한 것을 토대로 삼아 앞으로는 꼭 좀 써볼 생각입니다. 아무쪼록 계속해서 좋은 작품 내시기를 바랍니다. 그럼 앞으로 종종 지상에서 뵐 수 있는 기쁨을 주도록 하세요."[20]

〈독자문예〉의 선후평과는 별개로 독자들은 다른 독자들의 글을 읽으며 감상적 문예집단으로서의 정체성을 구성하고 있었다. 특히 이들이 강조하고 있는 '문학소녀'나 '소녀문학'은 문인들이 강조하고 있는 문학적 감수성보다는 감상주의적인 반응에 기초한 것이었다. 이처럼 문인의 주도 하에 형성되고 있었던 여성적 문학개념과 실제 독자들 사이에 통용되고 있었던 '문학소녀'적 감상주의가 그 간극을 유지한 채 병존하고 있었던 것은 여성지라는 상업적 미디어를 통해서 문학담론이 형성됐기 때문이었다.

즉, 《주부생활》이나 《여원》과 같은 잡지는 '여성교양지'로서 문학취향이 두드러진 여성 독자를 대상으로 이들의 글쓰기 욕구를 충족시키는 한편, '여성의 글쓰기 규범'을 제시할 필요가 있었고, 동시에 여성 독자들의 감상주의적 문예취미를 공유할 수 있는 지면을 할애함으로써 고정 독자를 확보하기 위한 전략이 필요했던 것이다. 더욱이 문학작품의 소비가 단행본보다는 잡지를 중심으로 이루어지고 있던 1950년대 출판시장의 상황에서 여성 독자를 단순히 계도의 대상으로만 볼 수 없는 경제적 논리가 저변에 있었다.

한편, 《여원》과 《주부생활》은 독자를 대상으로 현상문예공모를 시행했는데, 《주부생활》의 〈애독자현상문예공모〉가 애초부터 아마추어 여성 작가를 대상으로 한 현상문예였다면, 《여원》의 〈여류현상문예공모〉는 문단활동을 전제로 한 신인 여류문사를 양성한다는 목적으로 전문성을 강조하여 시행했다.* 이러한 여성지의 현상문예공모는 각종 문인 에세이와 지상 글쓰기 강좌를 통한 여성의 글쓰기 규범을 제도화했다는 점에서 1950년대적 의의를 찾을 수 있을 것이다.

현상문예공모의 심사자들은 여성지에서 반복적으로 제시된 여성적 문학개념을 전제로 각종 연재지면을 통해 강조한 바 있는 감수성의 영역으로서의 여성 글쓰기를 평가의 중심 기준으로 제시했다. 여성만이 쓸 수 있는 여성의 이야기, 여성적 감수성이 포착해낼 수 있는 심미적 감각으로서의 여성적 문학개념은 심사자들의 심사평을 통해서도 확인할 수 있다. 〈현상문예공모〉의 소설 부문 심사자들은 기존의 〈독자문예〉 선후평과는 확연히 다른 태도를 보여준다. 당선자를 포함하여 모든 투고자들을 '작가'로 지칭하고 있으며, 탈락한 작품을 평가할 때도 언어표현의 정확성보다는 플롯 구조와 작품 속 인물묘사의 탁월성을 중요하게 평가한다. 심사자들은 '여류'의 정체성이 뚜렷하게 드러난 작품을 우선적으로 채택했음을 밝힌다.

〈스마트라〉 **가장 정을 느끼면서 읽은 작품이다. (···) 여자가 아니면 쓰기 힘**

---

* 《여원》 창간기념 여류현상문예모집은 1956년 1월에 제1회 수상자가 발표됐으며, 장르별 심사위원은 최정희·백철(소설), 서정주(시), 마해송·조풍연(수필)이었다. 《여원》 여류현상문예 당선작 목록과 작품내용에 대한 연구로는 이선옥, 《여원》의 중심담론과 여성들의 글쓰기: 여류현상문예를 중심으로〉, 한국여성문학회, 《여성문학연구》 19, 2008이 있다.

든 글이기 때문이다. 그리고 이 작품을 읽어 내려가는 사이에 이 작가는 문학 하는 자세를 갖춘 사람이라고 알게 되는 점이다.[21]

그러나 시 부문 심사평에서는 투고작들의 '여류'다움 또는 여성적 주제를 중요하게 언급하면서도 여전히 〈독자문예〉의 아마추어 여성문예 수준에 머물고 있는 점을 혹독하게 비판한다. 심사자들은 대부분의 출품작이 지나치게 센티멘탈한 문학적 포즈를 취하고 있는 점 때문에 응모작에 후한 점수를 주지 않았다고 말한다. 시 부문 심사를 맡은 김남조는 출품작이 "자세가 허약하고, 슬픔이니 기쁨이니 하는 초보적 감정의 형상화에 있어서도 안이에 치우친 느낌이 있어 유감스러웠"다고 지적한다.[22] 서정주 또한 한국 여성의 시정신이 빈곤한 것을 매번 느낀다며 단순하고 소박한 글쓰기 수준을 뛰어넘어야 한다고 강조한다.

어디서나 시선을 할 때마다 항시 철저하니 느끼는 것은 '한국신여성의 시정신의 빈곤'이지만, 이번이 여성전문의 세계에서까지 그걸 또 겪어보자니 여간 섭섭한 게 아니었다. (…) 부디 정신의 전가능력을 인제부턴 좀 다 해 주었으면 좋겠다. 다시 말씀하자면, 여성이라하여 특별히 제한해 놓고 꼭 '예쁘장한 수작'이나 '선병질(腺病質)' 비스름한 수작이나 '향내 조금씩 피우는 수작'이나 '슬프디한 수작'만 허란 마련이 아닐테니, 사람의 마음이 할 수 있는 것 좀 다 생각하고 다 느껴 선택해서 표현해 봐 달라는 것이다.[23]

수필 부문을 심사한 조풍연은 시나 소설과 같은 창작 장르가 아닌 만큼 글의 수준을 까다롭게 평가하지 않고 선정했다고 하며 '일상생활 속에서 소재를 선택했는가', '읽는 이에게 재미있는 이야기를 들려주려고 있는가'를 심사의 기준으로 삼았다고 말한다. 그는 "일상생활을 즐겁고 섬세하게 보는 눈은 현대의 지식 있는 여성의 특색이며 자랑거리"이고 "남에게 조금도 불쾌감을 주지 않고 여성들의 세계의 한 토막을 보여주려는 생각은 매우 아름다운 마음씨"라고 평가한다.[24] 여류현상문예의 응모작을 소박한 문예취미의 여성 교양으로 이해한 조풍연과 달리 전숙희의 수필 심사평은 전문적인 수필가로서의 역량을 강조하고 있어 주목된다.

> 떳떳한 입선작을 얻지 못하고 유감스러운대로 입선가작이란 인색한 이름을 붙이게 된 것은 일률적으로 상(想)의 산만하고 유치함과 문장의 결함 등이라고 하겠다. 우선 가작 1석의 이종순작 〈초산기〉는 여성만이 경험할 수 있고 느낄 수 있는 독특한 테-마를 잡은 것이 재미있다. 그러나 그 독특이란 어디까지나 평범한 생활 속에 묻힌 것이기도 하다. 응모작 중에서 문장으로는 가장 익숙하고 세련된 편이다. (…) 어쨌든 한 생명을 창조해 내는 여성의 위대한 사명의 괴롭고도 또 벅찬 즐거움의 과정을 체험한 대로 느긴대로 솔직히 표현한 것과 간결한 문장 등을 참작한 바이다.[25]

여류현상문예 응모작에 대한 이러한 평가는 여성의 문학이 여전히 아마추어적 감상성을 극복하지 못하고 있는 한계를 지적한 것이기도 하면서, 본격문학의 문학규범과 여성문학의 규범이 괴리되고 있었던 것에 대한 지적이기도 했다. 즉, 여성지를 중심으로 형성된 여성적 문학규범의 제도화와 신인 여류문사의 발굴을 목적으로 시행된 〈여원여류현상문예공모〉는 아이러니하게도 문단 내의 문학규범과 비교하여 여류문학의 미숙성을 확인하게 된 결과를 낳은 것이다.

여성 독자의 문예취미를 장려하는 한편, 여성적 문학규범을 형성하고 나아가 감수성의 영역으로서의 여성적 문학개념을 구성하고자 했던 여성지의 기획은 여성의 문예를 비전문적 영역으로 구획 짓게 됐고, 궁극적으로는 여성 독자의 문학취미를 센티멘털리즘이 과잉된 일종의 하위문화로 인식하는 근거가 된 것이다. 여류현상문예에 대한 이러한 인식은 공모에 당선한 작가들 중에 성공적으로 문단에 진출한 사례가 극히 일부에 불과했던 사실에서도 확인할 수 있다.*

그러나 〈여원여류현상문예〉의 심사위원들의 혹평에도 불구하고 여성 독자들의 참여 열기는 대단했는데, 1~5회까지 응모작 중 소설의 경우 평균 48편에 이르고, 시와 수필 역시 각각 평균 177편, 48편에 이른다. 또한 기존 문인들의 심사평에서 감상주의적 비전문성이 여류문예의 한계로 지적된 것과는 대조적으로 당선자들의 당선소감은 전문적인 문사로서의 포부와 열정이 드러나 있다.

글을 써야겠다는 의식은 언제나 나를 쫓아다니는 눈에 안 보이는 강한 의식이었다. 아마 이것은 숙명적으로 나의 일생을 따를 또 하나의 반려라고 생각한다. 이것은 어느 작은 기회를 얻어 움직여진 것에 지나지 않는다. 언제나 맴도는 이 의식을 좀더 차근차근 기르고 싶은 것이 나의 원이다.[26]

스스로 선택한 가시 면류관을 몇번이나 한탄하였다. 그러나 창작에 몰입하는 기쁨은 법열과 같은 것인지 떼어버릴 수 없는 집요한 애착이었다.[27]

---

* 〈여원현상문예〉를 통해 등단한 작가 중 꾸준히 작품 활동을 한 이들은 최미나, 박기원 등 일부에 불과하고 대부분은 당선 이후 문단에서 뚜렷한 활동을 남기지 않고 사라졌다. 1950년대 당선작은 다음과 같다(위의 책, 349~350쪽에서 인용).

나침판도 태양광선도 없는 곳. 항시 가슴 속으로부터 떠나지 않는 삶에의 명제. 그것은 이 벌판으로부터 꿰뚫고 나가야할 항쟁과 실천의 기치를 최후까지 지키는 일. 쓰고 싶어서 썼읍니다. 당선 소감이란 역시 광장적 희열이라고나 할가요? 여성이라는 보다 더 비극적인 숙명성을 넘어서서 서로의 공동운명체인 인인적(隣人的) 사랑으로, 우리의 〈광장〉에다 하루 바삐

구분	소설	시	수필
1회 1956년	1석 박정자, 〈가막섬 우화〉 / 2석 박기원, 〈귀향〉 / 가작 박선자, 〈스마트라〉 (64편 응모)	1석 없음 / 2석 김해숙, 〈지난해랑 잊어버리고〉 / 가작 이상은, 〈영이에게〉 (206편 응모)	1석 진소희, 〈미용기〉 / 2석 이석순,, 〈슬픈 훈련〉 / 가작 이혜석, 〈여성미〉 (39편 응모)
심사위원	백철, 최정희, 조연현	서정주, 모윤숙, 조지훈	마해송, 조풍연
2회 1957년	1석 없음 / 2석 최예순, 〈탈각〉 / 가작 없음 (57편 응모)	1석 박정희, 〈노을〉 / 2석 김선영, 〈달〉 / 가작 하향녀, 〈산딸기〉 (183편 응모)	1석 최미나, 〈옥양목과 우리 하늘〉 / 2석 조삼주, 〈비 개인 가을 아침에〉 / 가작 하향녀, 〈가을과 써커스〉 (59편 응모)
심사위원	백철, 최정희, 정비석	서정주, 조지훈	송지영, 이명온, 조풍연
3회 1958년	1석 최미나, 〈등반〉 / 가작 박수복, 〈광장〉 / 가작 허남이, 〈청첩장〉 (51편 응모)	1석 없음 / 2석 최희숙, 〈반월〉 / 가작 1석 윤화자, 〈코스모스〉 / 가작 2석 정미영, 〈편지〉 (187편 응모)	1석 없음 / 가작 1석 이종순, 〈초산기〉 / 가작 2석 하계진, 〈박꽃〉 / 가작 2석 김혜미, 〈추기병상수감〉 (62편 응모)
심사위원	김동리, 박영준, 장덕조	서정주, 김동리	마해송, 전숙희
4회 1959년	당선 박정희, 〈귀결〉 (42편 응모)	당선 박현영, 〈산 위에서〉 / 가작 김두희, 〈유월에〉 (216편 응모)	당선 심남주, 〈죄인〉 / 가작 김현옥, 〈발가락의 의미〉 (47편 응모)
심사위원	김동리, 박화성, 최정희	서정주, 김용호	조풍연, 전숙희
5회 1960년	당선 전병순, 〈뉘누리〉 / 가작 정양, 〈방천뚝 사람들〉 (26편 응모)	당선 김근숙, 〈당신 창문 곁에서〉 / 가작 이경아, 〈기폭 아래서〉 (93편 응모)	당선 정정자, 〈송아지〉 / 가작 1석 김연실, 〈수상 3제〉 / 가작 2선 안경자, 〈한강〉 (35편 응모)
심사위원	김동리, 최정희, 황순원	서정주, 김용호, 박기원	조풍연, 전숙희

다사로운 햇살을 이끌어 들여야 하지 않겠읍니까?[28]

너무나 많은 의문 속에서도 인생을 편력(遍歷)하는 순례자로서의 현실과 이상을 탐구하려는 의욕은 앞으로 계속하는 노력의 바탕이 되기를 바랍니다.[29]

당선자들은 자신의 삶에서 글쓰기는 "가시 면류관"의 "숙명"과도 같이 창작의 괴로움과 고통의 시간을 감내한 끝에 경험할 수 있는 "법열"과도 같은 "창작의 기쁨"이었다고 말한다. 무엇이든 "쓰고 싶어서 썼"다는 절박한 심정은 "여성이라는 비극적 숙명성을 넘어서서 서로의 공동운명체"를 확인하고, 여성이라는 공통된 정체성으로 서로의 이야기를 공유하고자 하는 간절한 마음에서 비롯됐다. 이들이 여성작가로서의 삶을 선택한 것을 "현실과 이상을 탐구하는 순례자"에 비유하고 있는 것은, 여성들에게 문학이 소박하고 순수한 소녀의 이야기가 아닌 자신의 정체성 찾기와 새로운 삶의 방식에 대한 절박하고도 처절한 모색이었음을 짐작케 한다.

이들이 그토록 간절하게 작가가 되고 싶었던 이유는 무엇이며, 그 열정과 진지함에도 불구하고 문단에 성공적으로 진출하지 못했던 이유는, 여성이 자신의 내러티브를 스스로 구성해냄으로써 지금껏 모호하게 다뤄졌거나 침묵되어왔던 여성의 욕망과 감각을 발견하고, 자신의 구체적 삶의 경험을 서사화함으로써 기존의 가치체계로 설명할 수 없었던 자기 정체성의 논리를 확립하고자 했던 것이다. 현상문예나 독자문예와 같은 여성의 비전문적 글쓰기가 지나치게 자기고백성 성격이 강하기 때문에 소설보다는 수필이나 수기를 읽는 듯한 느낌을 받는다고 자주 지적됐던

문학소녀의 탄생

것은 여성의 글쓰기가 자기정체성의 발견을 목적으로 하고 있었던 때문이었다.

더욱이 자기발견으로서의 글쓰기(혹은 스토리텔링)의 욕망은 기성 문인들이 강조한 여성적 문학규범의 논리에 조응하여 가정과 일상의 영역을 배경으로 한 심미적 감수성, 또는 낭만적 센티멘털리즘으로 구체화됐다. 그러나 문화소비자로서의 여성 독자의 센티멘털리즘은 잡지시장에서 적극적으로 수용됐던 것과는 달리, 기존의 본격문학의 규범과는 괴리되면서 여성적 문학취향 또는 여성적 문학규범은 함량미달의 값싼 감상주의 또는 공허한 문학적 포즈로 위계화됐다. 여성일반의 문예취미에 대한 이러한 이중적 시선은 여성작가들이 밝힌 자신의 창작태도와 여성 독자들에게 제시됐던 문예창작의 태도의 차이에서도 드러난다. 이들은 잡지에 응모하는 여성작가 지망생들과는 완전히 다른 태도와 목적으로 창작활동을 하고 있음을 강조한다.

문학을 한다는 일은 고행인 것 같다. 높은 산에 올라가기 위해서 밧줄을 타고 올라가는 등산가의 자세와도 같은 것이라고 하고 싶다. 목적한 데까지에 도달하기 위해선 바른쪽 계곡도 왼쪽 계곡도 보이지 않는다.[30]

이러한 불붙는 정열이 없이 그저 엔간히 하면 될줄 알고 쉬운 씨름판으로 여기고 손쉽게 들어선다는 것은 큰 오산일 것이다. 앞으로 시를 쓰려는 사람에게 부탁을 드리고 싶은 말은 한두 가지가 아니다. (⋯) 시인이 되느냐 세상 살아나가는데 성공을 하느냐 그 어느 한가지를 택해야지 이 두가지가 병행할 수는 없는 노릇이며 공존은 할 수 없는 세계다. (⋯) 보통 사람의 눈이 발견할 수 없는 현실의 어떤 새로운 의의를 또는 숨은 의미를 광부가 금을 캐내듯이 캐내가지고 보여주므로서 사람들은 시인의 도움으로 현실을 더 이해하게 되고 인생을 아름답게 또 풍부하게 할 수 있는 것이다.[31]

한무숙: (…) 문학을 해야지 문학의 포-즈를 해서는 안된다고 생각해요.
박경리: 그것은 문학에 대한 비성실성 뿐만 아니라 인간으로서도 비성실한 태도라고 생각합니다. (…) 물론 문학의 출발은 자기표현에서 시작한다고 하는데 거기에 그쳐서는 안된다고 생각합니다. 요컨대 문학이건 정치이건 모든 분야에 있어서 궁극에 가서는 어떻게 하면 사람이 더 잘 살 수 있는가에 목적이 있다고 생각해요.[32]

문단 내의 여류문사로서 그 나름의 권위를 갖고 있던 이들은 모두 창작의 과정이 치열한 고행의 연속이며 세속적 가치를 포기해야만 이룰 수 있는 분투의 과정이라고 말하고 있다. 이들의 문예창작의 자세에서는 삶의 여유와 통찰을 위한 세련된 심미안적 감수성은 안이한 문학적 포즈에 다름 아니다. 여성작가로서의 삶을 선택하기 위해서는 때로는 여성으로서의 삶을 포기해야 하는 경우도 있고, 또 때로는 자신의 전 인생을 걸어야만 얻을 수 있는 지난하고도 진지한 창작태도가 전제되어야 한다는 것이다.

또한 이들은 단순한 문학적 포즈가 아닌 개성의 발견과 자기정체성의 확립을 통해, 그리고 그 단계를 넘어서 새로운 세계인식의 태도를 제시할 수 있어야 한다고 입을 모은다. 이들이 말하는 작가의 삶은 일반 여성 독자들이 지향하고 있었던 감상적 세계인식의 과정으로서의 문예창작의 목적을 훨씬 뛰어넘은 곳에 있었다. 전문 작가가 되어 창작활동을 한다는 것은 일반 여성 독자들이 이해하고 있었던 문학적 규범이나 그 이해방식과는 사뭇 다른 것이었다. 과거에 대한 낭만적 향수와 동경, 일상적 관찰과 사색을 통한 개성의 발견과 성장이라는 감수성의 영역에서는 전부 포획할 수 없는 저 높은 곳에 전문적인 여성작가로서의 삶이 있었던 것이다.

　여성 독자의 문학적 감수성 또는 센티멘털리즘은 이들이 문단에 진출하여 창작에 참여할 수 없는 한계로 간주됐던 반면, 상업적 출판시장에서는 적극적으로 수용되면서 문화소비자로서의 여성적 취향으로 특화됐다. 이들은 본격문학과의 관계에서 하위문학으로 위계화됐지만, 여전히 출판시장 내의 영향력 있는 문화소비자 집단으로 존재하면서 자신들의 문예취향에 부응하는 다양한 소설형식을 탄생시켰다.

6장
여성지의 인생 상담과
여성 독자의 글쓰기 욕망

1. 실화양식의 유행과 여성의 글쓰기 욕망

통속적 멜로드라마나 로맨스서사에 대한 여성 독자의 편중현상은 비단 1950년대만의 특징은 아니었다. 이미 식민지 시대에도 《사랑의 불꽃》이나 《금자탑》과 같은 연애서사물이 여성 독자들에게 널리 읽히고 있었던 것은 잘 알려진 사실이다.[1] 시대를 막론하고 로맨스서사는 독자에게 낭만적 사랑의 환상을 대리충족시켜주는 읽을거리였다. 독자는 로맨스서사물이 비현실적이라는 것을 알면서도 텍스트가 제공하는 낭만적 사랑의 세계에 기꺼이 동참하며, 때로는 자신의 구체적 경험에 비추어 로맨스서사의 인물과 자신을 동일시하기도 한다.

이처럼 독자는 텍스트의 비현실성에 대한 괴리와 낭만적 세계에 대한 동경이라는 다층적 반응을 통해서 허구적 서사와 자기 삶의 서사를 연관 지어 이해하게 된다. 이는 여성 독자 일반이 자신의 연애경험을 어떻게 서사화하여 구성하고 있었는지를 살펴봄으로써, 그 당시 로맨스서사에 대한 여성 독자 일반의 수용양상을 역으로 유추할 수 있음을 의미하는 것이기도 하다.

1950년대에 여성들은 로맨스적 세계에 대해 어떤 공통감각을 구성하고 있었을까. 이 시기에 유행했던 사랑과 결혼의 서사는 여성들의 현실인식을 어떻게 변화시켰고, 또 여성 독자들의 세계인식의 변화는 소설을 어떻게 변화시켰을까. 특히 전문적인 작가가 아닌 일반 독자의 스토리텔링이 실화나 수기, 논픽션의 이름으로 널리 유통됐던 1950년대적 상황에서, 독자가 직접 발화한 로맨스서사를 살펴보는 것은 1950년대 여성독자의 글쓰기 욕망을 이해하는 단초가 될 것이다.

독자의 자기서사 양식은 남성보다는 여성에게 애호되는 글쓰기 방식이었다. 1950년대의 대표적인 여성지인 《여원》과 《주부생활》이 여타의 대중지나 종합지에 비해서 독자투고란 비중이 컸던 것은, 이러한 여성 독자의 자기서사적 글쓰기 취향을 반영한 결과였다. 편집자나 초빙 논설위원 또는 법률·의학·미용 분야의 전문가에게 짧막하게 문의하는 독자상담은 여타의 대중지에서도 고정적으로 운영되고 있었지만, 이와 같은 정보 중심의 독자상담 외에도 독자문예·독자수기·장문(長文)의 인생 상담과 같은 고정지면이 꽤 큰 비중을 차지하고 있었던 것은 여성지의 공통적인 특징이었다.* 이러한 지면구성은 여성지의 독자 확보방식이기도 했

---

* 일례로 1956~58년의 대중지와 여성지의 독자투고란을 비교해보면, 《신태양》은 독자투고 고정지면이 따로 없었고, 《아리랑》은 〈애독자 사교실〉, 《希望》은 〈애독자 사교실〉과 〈독자문예〉가 있었던 것에 반해서 같은 시기 《주부생활》은 〈인생십자로〉(장문의 인생 상담수기), 〈주부문단〉, 〈독자의 소리〉가 고정지면으로 구성되어 있었고, 비정기적으로 〈독자수기〉가

는데, 잡지편집자는 독자투고 글에 대한 다른 독자의 감상과 의견을 다음 호에 연속 게재함으로써 잡지에 대한 독자의 관심을 지속시키는 효과를 얻을 수 있었다.

[독자투고환영]

독자여러분의 글을 모집합니다. 몸소 겪으신 체험을 쓰시되 좋은 글이 안 되어도 실감이 우러나는 글이면 됩니다. 다만 누구나가 겪는 흔한 이야기가 아니고 좀 두드러진 경우의 글이면 좋습니다.

1. 인생실화 – 여성이 걸어온 기구한 반생, 내가 겪은 기막힌 이야기, 슬픈 일, 기쁜 일이나 나의 결혼생활 실기 등[2]

이러한 독자투고는 '수기'나 '실화' 형식을 표방하며, 전쟁과 피란으로 인한 가족해체와 배우자의 죽음, 경제적 곤란과 재혼문제, 여성의 애욕을 둘러싼 갈등 등 전후 여성의 삶의 문제를 다양하게 서사화하면서 말미에는 독자 또는 편집자에게 조언을 구하는 것으로 끝난다는 공통점이 있었다.

이른바 〈딱한 사정〉, 〈인생십자로〉, 〈어찌하오리까〉 등의 제목을 단 이러한 글의 내용은 배우자의 외도로 인한 갈등, 전처(혹은 전남편)의 자녀

게재됐다. 《女苑》역시 〈독자싸롱〉(애독자 사교실), 〈나의 호소〉, 〈법률상담〉, 〈독자수기〉, 〈독자의 시〉, 〈독자의 산문〉이 고정지면으로 구성되어 있었으며 비정기적으로 〈수기특집〉과 같은 특집지면을 통해 독자투고의 지면을 상당부분 할애하고 있었다. 더욱이 《주부생활》과 《女苑》은 〈애독자현상문예공모〉 제도를 통해서 연 1회씩 시·소설·수필 부문의 수상작을 선정, 발표했던 것까지 포함하면 여성지의 독자투고 지면의 비중은 여타의 잡지와 비교할 때 월등히 높았다.

를 양육하는 문제, 이혼과 재혼, 남편의 죽음으로 인한 재산문제, 무책임한 남편 때문에 가족의 생계를 책임져야 하는 아내의 문제, 댄스홀과 계에 빠져 가정을 소홀히 하는 아내의 문제, 전쟁 통에 생계를 위해 댄서 혹은 성매매를 해야 했던 여성이 환도 후 결혼을 하고 과거가 탄로 날까 두려워하는 이야기 등이었다.

사실 이러한 내용은 당시의 신문연재소설이나 통속소설에서 자주 반복됐던 것들인데, 독자는 은연중에 개인적 체험담과 소설 속 사건을 동일시하며 소설보다 더 소설 같은 사건이 구체적 삶의 세계에서 빈번히 일어나고 있다고 인식하게 됐다.* 이처럼 실화 또는 소설의 형식을 통해 여성 삶에 대한 유사한 래퍼토리가 반복·재생산됨으로써, 여성 독자는 파편화되어 있던 자신의 삶을 '공통의 문제를 안고 살아가는 동시대의 여성공동체'라는 집단적 정체성으로 인식하게 됐고, 여성지의 독자투고란은 여성의 집단적 정체성 형성에 있어서 담론생산의 장으로 기능하고 있었다.

물론 여성 독자의 자기서사양식은 해방 이전의 여성잡지에서도 찾아볼 수 있지만, 1950년대와 비교했을 때 그 갈등의 내용이나 성격은 다소 다른 양상을 띠고 있었다. 해방 이전의 경우, 잡지에 소개된 독자투고는 여학생이나 기생 등 일부 여성필자에 한정되어 주로 자유연애와 낭만적 사랑의 경험이 주로 소개됐던 것과 달리 1950년대에 이르면 여성의 애

---

* "비근한 예로서 신문, 잡지를 보거나 '라디오'를 들으면 '인생안내'라든가 '어찌하오리까' 혹은 '인생역마차' 따위의 인생문제상담실이 설치되어 있는데 많은 주부들은 그 질문자들의 눈물어린 호소를 듣고 '어마나, 어쩌면 소설같애' 하고 한숨을 짓는다. 소설이나 영화, 연극에나 있을법한 일이 현실적으로 그네들 둘레에서 일어나고 있다는 사실에 새삼스럽게 놀래자빠지고 있는 것이다." 정창범, 〈픽션과 논픽션〉, 《동아일보》, 1956. 8. 31~9. 1.

문학소녀의 탄생

욕 문제와 관련한 갈등에 특히 집중되는 경향이 나타난다. 또한 자신의 연애와 애욕의 경험을 진술하는 태도에 있어서도 큰 차이를 보이는데 가령, '고등교육을 받은 여성의 성적 방종과 결혼 그리고 파경의 과정'을 소개한 다음 두 편의 글은 시대적 간극에 따라 여성의 자기서사 태도가 어떻게 변모했는가를 잘 보여준다.

2. 신여성이 쓴 애욕의 자서, 〈일즉이妾되얏든몸으로〉

먼저 소개할 〈일즉이妾되얏든몸으로〉[3]는 1925년 《新女性》에 소개된 독자투고로, 여고보 중퇴생인 '나'는 보통학교 시절부터 부모의 눈을 피해 연애소설에 탐닉하던 불량소녀였다고 자신을 소개한다. '나'는 여고보 4학년 때 청년음악대회에서 만나게 된 ○전문학교 학생 K와 연애편지를 주고받다가 가까워져 결혼을 약속하고는 육체적 관계를 맺게 된다. '나'는 이내 학업도 포기한 채 K와의 연애에 빠져들었고, 사실을 알게 된 부모와의 갈등으로 가출하여 K와 동거를 시작한다. '나'의 아버지는 이미 동거생활을 하고 있는 '나'와 K를 결혼시키기로 했으나 달콤한 동거생활도 잠시, '나'는 K의 고향에 본처가 있다는 사실을 알게 됐고, K 부모의 반대로 '나'와 K의 짧은 동거생활은 끝나게 된다. K에게 버림받은 '나'는 집으로 돌아오지만, 그 충격으로 아버지는 죽게 되고, '나'는 자신의 어리석었던 과거를 반성하며 어머니와 동생에게 사죄하는 마음으로 고무공장에서 일하면서 남은 삶을 가족을 위해 희생하기로 결심한다. '나'는 반성과 후회의 태도로 일관하며, 다른 여성들에게 자신의 경솔한 행동과 그로 인한 불행을 타산지석으로 삼으라고 당부한다.

'나'는 K와의 연애에 빠져 정조를 잃고 버림받은 후로, 평범한 여자로서의 삶을 살 수 없다고 결론짓는다. 따라서 '나'는 여고보 중퇴라는 비교적 높은 학력에도 불구하고 고무공장에서 일하며 가족의 생계를 책임지는 일 외에는 그 어떤 삶의 선택 가능성도 없다고 판단한다. '나'가 할 수 있는 일은, 모든 상황의 원인을 자신에게 돌리며 경망스러웠던 자신의 과거를 부정하는 것뿐이다.

흥미로운 것은 '나'가 자신의 삶이 어긋나게 된 근본원인을 보통학교 시절부터 연애소설에 빠져들었던 것에서 찾고 있다는 점이다. '나'는 연애소설을 탐닉하면서 자신을 "소설속에있는게집으로 하야 생각해버리게되얏"고 "왼세상것을다갓다준대도 련애만한쾌락은업"다고 믿게 됐다고 말한다. 마치 플로베르 소설의 엠마 보바리를 방불케 하는 '나'는 연애소설이라는 허구의 세계에 무모하고 무절제하게 빠져든 어리석은 독자였고, 허구와 현실을 분별하지 못한 어리석음의 대가는 엠마의 죽음만큼이나 '나'에게 치명적인 것이었다.

엠마 보바리의 경우와 마찬가지로 위의 사례는 젠더와 독서 사이의 연관성을 생각해보도록 자극한다. 리타 펠스키는 서구 문학의 유명한 어리석은 두 독자, 즉 엠마 보바리와 돈키호테를 비교하여 독서와 젠더의 관계를 설명한 바 있다.[4] 엠마와 돈키호테는 로맨스—물론, 로맨스라는 동일한 명칭에도 불구하고 그 개념과 범주에는 차이가 있지만—에 과도하게 몰입함으로써 허구적 환영(illusion)에 빠져든 대표적인 사례이다. 그러나 그 결과는 사뭇 대조적인데, 자신을 기사도적 영웅서사의 주인공으로 착각한 돈키호테의 우스꽝스러운 모험이 근대소설의 시작을 알리는 근본적인 안티로망스의 탄생을 가져왔다면, 자신의 운명이 낭만적 소설의 눈부신 궤도 위에 있다고 착각한 엠마의 경우는 진부한 로맨스를 무비판적으로 수용하는 감상적 독자에게 허구의 소설이 어떠한 잠재적 위험을 초래할 수 있는가를 보여주는 사례로 간주된다.

리타 펠스키는 두 명의 허구적 독자에 대한 상반된 평가가 젠더와 독서의 변화과정, 즉 18세기 이후 중산층 여성들이 독서 대중으로서 중요한 부분을 차지하게 된 배경에서 비롯됐다고 분석한다. 남성이나 노동자 계급의 여성들과 달리 상대적으로 경제적·시간적 여유를 누리고 있었던 중산층 여성들에게 소설은 답답한 일상의 일시적 피난처이자 여성들에게 익숙한 반응인 정서적 공감을 충족시켜주는 읽을거리였다. 따라서 이들 여성 독자의 성장과 함께 소설은 점차 여성적 영역으로 변화하게 됐다.

그러나 한편에서는 감상적이고 무비판적, 무차별적 독자로서의 여성 이미지가 강조되면서, 소설이 조잡하고 천박한 취향을 반영하는 대중문화의 상징으로 전락하는 것을 우려하는 시각도 나타났다. 이에 따라 속기 쉽고 감상적이며 예술과 현실을 혼동하는 평범한 독자와는 대조적으로 진지하고 냉철하며 초연한 안목을 갖추고 문학이 말하지 않는 것까지도 신중하게 읽어낼 수 있는 진정한 현대적 독자로서의 미덕이 강조되기에 이르렀다. 이렇게 하여 순진하고 어리석은 여성 독자의 이미지는 남성작가의 소설 속에서 반복적으로 등장하게 됐고, 엠마 보바리는 이 중에서 가장 악명 높은 사례에 해당한다는 것이다.

물론 리타 펠스키는 이러한 분석이 초기 페미니스트 문학비평가들의 입장이라는 것을 밝히면서 여성의 독서와 그 반응이 시대가 변함에 따라 더욱 복합적으로 일어나고 있음을 분석하고 있다. 그러나 리타 펠스키의 이후의 논의는 잠시 접어두더라도, 여성 독자의 성장과 소설 속 독서하는 여성이미지의 관계에 대한 분석은, 앞에서 인용한 〈일즉이吳이되얏던몸으로)의 '나'의 서술태도를 이해하는 데에 흥미로운 시사점을 제 공한다.

'나'는 말하자면, 연애소설에 탐닉하는 여성의 독서취향이 잠재적 위 험을 내포하고 있음을 자신의 연애실패담을 통해 체현하고 있는 인물이 다. 저 악명 높은 김동인의 〈김연실전〉에서도 그리고 있듯이, 여성 독자 는 "연애를 재미나고 자릿자릿하게 적은 소설"⁵에 쉽게 매혹당하여 "전기 가 통하는 것같이 쩌르르했다는 '연애'와 재미나는 소설을 읽은 뒤에 한 동안 느끼는 감동도 동일한 감정이라 보"는 어리석고 속기 쉬운 독자로 간주된다.

이들은 진지한 문학을 읽기에 합당한 냉철하고 초연한 안목이 부족 했기 때문에 문학과 현실을 혼동하는 오류를 쉽게 범할 뿐 아니라, 문학 이 하나의 예술장르로서 갖고 있는 고상한 미적 가치를 식별하지 못하 는 조잡한 독서취향의 독자일 뿐이었다. 따라서 이들의 조악한 독서취향 이나 소설 수용 태도가 삶의 세계에서 전면화될 경우, 〈일즉이훗되얏던 몸으로)의 '나'와 같이 독자의 삶을 파국으로 몰아넣는 부정적 결과를 초 래하게 된다고 여겨졌다.

그러므로 여성의 독서가 비교적 안전한 범주 내에서 이루어지려면, 여 성 독자의 선호가 뚜렷한 연애소설들은 은밀하고 비밀스럽게 읽히는 비 공식적 문학장르에 한정하는 한편, 소설의 세계와 현실 세계를 동일시하 는 태도가 여성의 삶을 위태롭게 만든다는 경고의 예시들을 때로는 소 설 속 인물의 운명을 통해서 또 때로는 현실 세계의 구체적 사건을 통해 서 지속적으로 확인해야 했다. 이에 따라 여성 취향의 대중연애소설들은 공식적인 문학의 계보에 포함될 수 없었고, 여성 독자의 독서취향은 실 제 출판시장에 미치는 영향력과는 상관없이 문학사의 예외적 현상으로

문학소녀의 탄생

이해됐다. 〈일즉이妾되얏던몸으로〉의 '나'는 여성의 독서에 대한 이러한 통념이 여성 일반에게 내면화되어 있었음을 보여주는 자기서사의 사례라 하겠다.

3. 주부 독자가 쓴 애욕의 자서, 〈인생십자로: 朴과 美子와 나〉

〈인생십자로: 朴과 美子와 나〉[6]는 1957년 5월, 《주부생활》에 게재된 여성 독자의 사연으로 《新女性》의 〈일즉이妾되얏던몸으로〉의 '나'와 유사한 상황에 처한 독자가 자신의 곤란한 사정을 토로하고 있는데, 30여 년의 시간적 간극이 있는 만큼 앞의 글의 '나'와 대조되는 서술태도를 보인다.

명문 여대를 졸업한 이 글의 필자 '나'(이애실)는 "외국영화에 나오는 '몽고메리·크립프드'같이 잘 생"긴 '박'과 함께 댄스홀, 극장, 교외 등지에서 데이트를 즐긴다. '나'는 '박'과의 교제 중에 이미 육체적 관계를 맺었고, '박'에게서 느낀 성적 매력에 끌려 결혼까지 하게 됐노라고 고백한다. 그러나 결혼한 지 1년 만에 '박'이 '나'의 동창생 '미자'와 부적절한 관계를 맺고 이중생활을 하고 있다는 사실을 알게 된다. '나'는 이혼을 결심하지만, 이미 임신 5개월이기도 하고 '박'에 대한 육체적 매력을 여전히 느끼고 있어서 쉽게 결정을 짓지 못하고 있다.

이 글은 전술한 바와 같이 '고등교육을 받은 여성의 성적 방종과 결혼, 파경의 서사'라는 점에서 앞서 살펴본 〈일즉이妾되얏든몸으로〉와 유사한 갈등을 보여준다. 그러나 〈朴과 美子와 나〉의 '나'는 자신의 성적 욕망에 대한 묘사가 상당히 구체적일 뿐만 아니라, 남편의 외도로 부부는 이미 파경에 이르렀음에도 불구하고 여전히 남편 '박'에게 육체적 욕망을 느끼고 있다고 말한다. 즉, '나'는 자신의 성적 욕망을 적극적으로 긍정할 뿐만 아니라 사랑과 성적 욕망을 별개의 것으로 받아들이고 있다. 따라서 '박'과의 연애담 역시 낭만적 사랑의 서사보다는 '나'의 성적 경험과 애욕의 발견에 초점이 맞춰져 있다.

이는 〈일즉이娑되얏던몸으로〉의 필자가 애인과 연애편지를 주고받으며 소설과 예술에 대한 이야기를 나누고, 지속적인 교감을 통해서 서로에게 더욱 호감을 느끼게 된 과정을 상세히 서술한 것과 대조된다. 또한 파경 이후의 태도 역시, 전자가 자책감과 상실감으로 자포자기를 하는 것과 달리 후자의 '나'는 앞으로의 삶을 어떻게 선택할 것인지를 고민하고 있다는 점에서 흥미로운 대조를 보여준다.

성과 사랑, 결혼에 대한 이러한 인식의 변화는 1950년대, 특히 전후라고 하는 특수한 상황과 관련하여 일종의 전후파적 현상으로 설명되는데, 한국전쟁 이후 소비재 중심의 원조경제체제하에서 영화나 잡지와 같은 대중매체가 문화적 헤게모니의 중심이 되어 육체와 성, 사생활에 대한 담론들을 폭발적으로 쏟아놓았던 당시의 분위기를 반영한 것이었다.[7] 성과 육체에 대한 여성들의 대담하고 적극적인 발언은 이러한 1950년대 대중문화의 흐름과 궤를 같이 하고 있었던 것이다.

그러나 무엇보다 가장 주목해야 할 것은 이러한 자기서사 양식에 나타난 '실화'와 '픽션'의 교착관계이다. 여성지의 매호마다에서 소개되고 있는 독자 상담수기는 투고자의 주소와 이름 이외의 구체적인 신상정보는 전혀 제시되어 있지 않아서 과연 독자가 직접 작성한 글인지 편집진이 독자의 사연을 재구성하여 대필한 것인지는 다소 의심스럽다. 실제로 대부분의 독자 상담수기가 1인칭 화자의 고백체 형식을 내세우고 있는데,

문학소녀의 탄생

인물 간의 대화 장면이나 배경이 상당히 구체적으로 제시되어 있을 뿐 아니라, 갈등구조에 따라 극적 구성을 이루고 있어서 마치 1인칭 소설을 읽고 있는 듯한 느낌을 준다.

〈오늘도 늦게 오서요?〉

〈글쎄…… . 회사일 어떨런지……〉

〈또 야근이세요? 오늘밤도.〉

아침에 출근하는 남편 박을 보고 저는 뒤쫓아 나가면서 대문간에서 물었 읍니다. '글쎄'하고 대답하는 소리가 분명치 않은 것을 보아 수상하다고 여 기지 않을 수가 없었읍니다.

위의 인용은 〈朴과 美子와 나〉의 도입부인데, 부부의 대화 장면으로 시작되는 첫 장면에서 앞으로 전개될 갈등을 암시하고 있다. 길게 인용 하지는 않으나 이 글의 도입부는 주요인물에 대한 직접적인 소개가 이 어지고 있어서 마치 소설을 읽는 듯한 인상을 준다. 이는 해방 이전의 여 성 독자수기나, 투고자의 신상정보가 구체적으로 제시된 독자수기가 서 술자의 심경과 감상을 위주로 진술하는 한편, 구체적인 사건과 갈등은 간략하게 요약 진술됐던 것과는 구별되는 것이었다. 그러나 이러한 인생 상담수기가 소설의 플롯구조를 차용한 대필원고였는지, 독자가 직접 작 성한 원고였는지 사실 여부와 관계없이 대다수의 독자들이 이러한 글을 '실화'로 인식하고 있었다는 점이 중요하다.

인생십자로에 〈임신을 하려고 재혼하였으나?〉는 두번이나 읽고 이불속에 서 눈물을 흘렸읍니다. 이길순씨 과거와 현재의 생활은 너무도 비참한 비

극이라는데 감명이 깊었읍니다. (…) **이길순씨의 현재는 어쩌면 저의 처지**
와 같을가요?[8]

저는 이 〈인생십자로〉에 나타나는 여러가지 인생문제에 골몰하곤 합니다.
특히 전달에 실린 〈아내의 이중생활을 알면서도〉를 읽어 나가는 동안 현재
아내의 입장인 저로서 퍽 감명 깊은 바가 있어 이에 몇 마디 저의 소견을
말하고저 합니다[9]

이처럼 여성 독자들은 지면에 소개된 '소설보다 더 소설 같은 실화'를
자신의 삶과 비교하고 또 이에 공감하면서 각자의 삶의 서사를 만들어
가고 있었다. 사실 '실화양식'의 유행은 1950년대 대중서사물의 두드러진
특징이기도 했는데, 전투, 탐험, 모험, 시베리아 유형기, 적 치하의 경험,
포로수용소에서의 생활, 표류기 등의 르포르타주와 각종 전기에서 실연
담에 이르기까지 실화를 표방한 서사물들은 그야말로 범람하고 있었다.
논픽션만을 다룬 잡지 《실화》(1953년 창간)가 출간되어 상업적 성공을 이
룬 것은 당시 이러한 논픽션에 대한 대중들의 관심을 짐작케 한다.

1950년대 논픽션이 유행한 것은 소설이 대중들의 삶의 구체성을 따
라가지 못하고 있었던 현실과 관계가 깊다. 무엇보다도 한국전쟁의 경험
은 여성의 연애관과 결혼관에 큰 변화를 가져왔는데,* 육체와 성의 문제

---

* "50년대, 그러니까 6·25 사변을 계기로 해 가지고…… 사회가 확 바뀌었어요. 암만해도 여
자가 집안에 있다가 사변이 나니까, 너나없이 생계를 위해서 밖에 나가는 사람도 있고 피
난도 가고…… 남자들은 전쟁터에 나가고…… 여자들이 생계 꾸려 나가야겠으니까, 별 장
사 다 하고 별 경험을 다 하다보니까…… 사회가 싹 바뀌었는데, 어떻게 바뀌었냐면……
6·25 사변 전엔 연애결혼 한다고 그러면 저거 아주 나쁜 여자라고 집안 망한다고 그랬는
데…… 6·25 사변 나니깐, 아니 제짝을 제가 차지해야지, 무슨 중매냐고 할 정도로……

문학소녀의 탄생

를 일상적으로 경험하고 있던 1950년대 여성에게 자유연애의 정신적 가치를 강조하는 신문학 시기의 문학은 현실과는 동떨어진 세계로 여겨질 뿐이었다.

4. 비극적 자서의 공유, 전후 여성들의 글쓰기

해방 이전에도 한국전쟁 이후에도 여성에게 있어서 가장 큰 관심사는 사랑과 연애, 결혼의 문제였다. 여성이 일상적 차원에서 근대를 경험하게 된 첫 사건이 자유연애와 이를 통한 근대적 결혼관의 각성이었다고 해도 과언이 아닐 것이다. 당연한 말이겠지만, 여성의 근대적 연애관과 결혼관은 독서, 좀 더 구체적으로 말하자면 소설읽기를 통해서 형성됐다. 여성의 근대적 경험은 근대문학의 발생 이래 소설의 서사와 운명을 함께하면서 구체적 양상을 갖추어왔다.

그러나 한국전쟁은 기존의 사회질서와 가치체계를 급속도로 변화시켰고, 여성의 현실을 지배해온 낭만적 사랑과 연애, 결혼의 서사는 이제 그 효력을 다한 것처럼 보였다. 여성은 전쟁 통의 피란지에서 또는 환도 후의 어수선한 도시에서 생계를 위해 고독한 가장이 되어야 했고, 다양한 유혹—그것은 게이기도 했고, 남편 아닌 남성의 구애이기도 했고, 자신의 육체적 욕망이기도 했다—으로부터 스스로를 보호해야 했다. 여성

그렇게 바뀌더라구요, 세상에, 아니 시대가 이렇게 바뀔 수나 있나 할 정도로…… 그렇게 바뀌었어요. 그러니까 여자가 고 때를 계기로 눈을 뜬 거죠…… [전금녀]" 변재란, 〈한국 영화사에서 여성 관객의 영화관람 경험 연구: 1950년대 중반에서 1960년대 초반을 중심으로〉, 중앙대학교 영화학과 박사학위논문, 2000.

은 이처럼 일상적으로 맞닥뜨리게 되는 생계와 유혹의 문제를 해명할 수 있는 새로운 삶의 서사를 필요로 하게 됐다.

상당수의 독자들이 소설가에게 인생 상담을 부탁하고 있었다는 것*은, 소설을 통해서 삶의 문제를 해결하고자 했던 시도가 상당히 일반적인 것이었음을 짐작케 한다. 자기 삶의 문제를 해명할 수 있는 마땅한 서사가 부재한 상황에서 독자는 스토리텔링의 주체가 됨으로써 새로운 삶의 서사를 모색하고자 했고, 전후 실화양식의 유행은 이러한 배경에서 나타난 현상이었다. 특히 자기서사의 스토리텔링이 여성에게서 더욱 두드러졌던 것은, 전후 가치체계와 사회질서의 변화로 인한 삶의 혼란이 여성들에게 더욱 구체적으로 체감되고 있었음을 방증하는 것이라 하겠다.

'어찌하면 좋을까요', '해답을 알려주세요' 등의 말로 끝나는 이들 여성 독자의 스토리텔링은 앞서 언급한 바와 같이 여성 독자들 사이의 공감과 유대감을 형성하는 매개체가 된 동시에 여성의 구체적 삶의 경험이 하나의 텍스트로 인식되는 결과를 낳았다. 여성 독자는 소설보다 더 소설 같은 삶의 이야기를 통해 스스로 텍스트 생산자가 됨으로써, 문학이 삶이 되고 삶이 곧 문학이 되는 현실인식의 태도를 낳게 됐다. 이제 여성들은 자신의 구체적 삶의 서사를 지닌 채 소설 텍스트 속으로 걸어 들어가게 됐다.

---

* 여성지에서 일반 독자의 개인적 곤란을 호소하는 독자상담란은 주로 정비석이나 김내성, 김동리, 최정희 등의 소설가들에게 맡겨져 있었다. 또한 소설가에게 개인적인 인생 상담을 요청하는 편지와 방문이 잦았다는 것은 당대의 좌담 또는 인터뷰에서 자주 언급되고 있다. 또한 1950년대의 대표적인 신문연재소설 작가(정비석, 박계주, 김내성 등)의 소설에는 작중 인물인 소설가가 다른 등장인물의 존경과 흠모를 받는 정신적 지도자로 묘사되는 경우가 많은데, 통상적으로 소설가는 대중을 상대로 예술가이자 지식인으로서 일정한 권위를 갖고 있음을 반영한 것이었다.

문학소녀의 탄생

편집자 선생님이 이러한 나의 어리석은, 지금 와서 생각해 보면―생각이 어떤 숙명을 초래하였는지도 알 수 없어요. 다른 말이 아니에요. 나는 내가 어느 동무보다도 문학에 소질이 있다고 느껴 소설을 쓰리라 마음먹었어요. 여성만이 아니라 나와 같이 불행한 사람들을 광명한 길로 인도하는 길은 오직 소설 세계밖에 없다고 느꼈던 때문이었어요.[10]

문해 인구의 증가와 보통교육의 확대로 이제 대중은 일상에서 친숙하게 문학을 접하게 됐다. 따라서 문학을 통해 삶을 이해하고 삶을 통해 문학을 발견하는 것은 고등교육을 받은 일부 독자에게 한정된 것이 아니라, 일반적인 독자대중에게 익숙한 세계인식의 태도로 여겨졌다. 여성 독자의 스토리텔링이 단순히 독자 간의 커뮤니케이션에 그치지 않고, 여성지의 연재소설이나 신문연재소설에서 반복·재생산되고 있었던 것은 문학이 대중에게 친숙한 읽을거리일 뿐만 아니라, 세계를 인식하고 삶의 문제를 해결하기 위한 중요한 통로로 여겨지게 됐음을 의미한다.

독자는 자신의 구체적 경험과 세계관을 토대로 텍스트를 이해하기도 하지만, 텍스트의 해석을 통해서 자기 자신을 이해하고 현실을 구축하기도 한다. 폴 리쾨르는 이러한 독서과정을 텍스트의 전유(appropriation)라고 설명한 바 있다.[11] 1950년에 이르러 문자언어를 통한 사회적 소통이 일반화됐다는 것은, 텍스트 해석을 통해 일관된 주체로서 내면을 형성하고 비정형의 무질서한 세계를 하나의 서사적 구성논리로 이해하려는 시도가 독자대중에게 보편화됐음을 의미한다.

특히 소설 편향적 독서취향이 두드러졌던 여성 독자는 신문 문화면 및 대중잡지의 통속소설 속 여주인공의 갈등과 운명을 통해서 여성의 삶이 사랑과 애욕, 결혼과 파경 등의 사건을 중심으로 서사화된다는 믿음을 형성하게 됐다. 이러한 독서 태도는 한국전쟁을 계기로 더욱 공고해졌는데, 전쟁과 피란으로 인한 가족의 해체나 배우자의 죽음이 여성 일반의 공통적 문제가 되면서, 낭만적 연애에 기초한 결혼은 이제 더 이상 여성 서사의 행복한 결말을 보장해주지 못한다는 인식을 낳게 됐기 때문이다. 또한 육체와 성에 대한 담론이 급증하면서 패션·미용, 에티켓 등 신체에 대한 규준의 형성이나 섹슈얼리티의 자각은 여성의 자기정체성 구성의 핵심적인 요소가 됐다.*

이에 따라 여성의 삶은 낭만적 사랑의 완성으로서의 결혼으로 완결되지 않고 파경과 이산 및 사별 후의 서사로 연장되어야 했고, 여성 섹슈얼리티의 자각과 발현은 연장된 서사의 핵심적인 갈등요소로 부각됐다. 1950년대 통속소설이 여성의 파경과 재혼, 성적 유혹과 일탈에 집중되어 있었던 배경에는 이러한 당시 여성 독자의 현실적인 삶의 조건이 반영된 결과였고, 여성 독자는 반복·재생산되고 있던 이러한 통속소설의 서사구조를 전후 여성 삶의 한 양상으로 인식하게 됐다. 특히 여성 독자의 스토리텔링이 적극적으로 대중서사에 반영됨에 따라서 소설과 현실, 픽션과 논픽션의 경계가 교착(交錯)된 문학장르의 인식태도가 나타나게 됐다.

---

* 오영숙은 1950년대 육체와 성에 대한 문화담론을 영화장르의 형성과 관련하여 분석한 바 있다. "개인의 외부에서 존재론적, 실존론적 확실성을 구성하고 지탱해주었던 이념적 세계가 쇠퇴하고 소비문화 속에서 육체가 상징가치를 지닌 것으로 부각됨에 따라, 사람들은 자아의 구성요소인 몸에 그 어느 때보다도 더 큰 중요성을 부여하는 경향이 있다. 민족주의나 공산주의와 같은 화려한 정치적 서사에 대한 믿음을 상실하고, 또한 개인을 초월한 의미구조들로부터 명확한 세계관이나 자아 정체성을 더 이상 제공받지 못하는 사람들에게는, 적어도 자신의 몸이 신뢰할 만한 자아감을 재구성할 수 있는 토대를 제공하는 것처럼 보이기 시작한다는 것이다." 오영숙, 《1950년대, 한국영화와 문화담론》, 소명출판, 2007.

7장
'자기구성의 기획'을 향한
문학소녀들의 글쓰기

1. 글 쓰는 여성의 문학적 표상: 《실낙원의 별》

김내성의 소설 《실낙원의 별》*은 유부남과 여대생의 사랑이라는 통속적 주제를 다루었지만, "연애문제에 있어 그 윤리적 기초가 전적으로 변경되어가고 있음"[1]을 상징적으로 보여주는 여성인물을 창조했다는 당대의 평가를 받은 바 있다. 소설의 주인공 고영림은 "어딘가 현대 감각이

---

* 이 소설은 《경향신문》에 1956년 6월 1일부터 1957년 2월 16일까지 연재되었는데, 김내성이 연재 도중 사망하면서 연재가 중단됐다가 장례를 치르고 1957년 4월 딸이 마지막 부분을 집필하여 연재를 마쳤다. 1950년대의 대표적인 신문연재소설로, 정비석의 〈자유부인〉만큼이나 대중적인 인기를 얻었지만, 《실낙원의 별》에 대한 연구는 〈자유부인〉 연구에 비해서 상대적으로 적은 편이다. 이선미는 《실낙원의 별》의 옥영을 통해서, 낭만적 사랑에 대한 여성인식의 변화와 새로운 가정여성의 등장에 주목하고 있다. 이선미, 〈연애 소설과 젠더질서 재구축의 논리〉, 《대중서사연구》 22, 2009.

지닌 창조성을 엿볼 수가 있"는[2] 매력적인 여성으로 묘사되는데, 그녀는 소설가 강석운과의 낭만적 사랑의 성취를 자신의 성장서사의 일부로 받아들이고 있다는 점에서 여타의 통속소설 속 여성인물들과 차별화된 행보를 보여준다. 그러나 소설 《실낙원의 별》에서 고영림이라는 인물에 주목해야 하는 이유는, 그녀가 열렬한 소설 독자로 그려지고 있을 뿐 아니라 소설 속의 세계를 자신의 삶에서 실천하려고 한 보기 드문 인물유형이기 때문이다.

강석운은 일간지에 소설을 연재하는, 말하자면 통속소설을 쓰는 작가이다. 그의 소설은 대부분은 결혼과 연애, 사랑과 애욕을 다루고 있는데, 1950년대 신문소설의 독자들이 그러했듯이 강석운의 소설을 애독하는 인물들은 고영림과 같은 인텔리 여대생부터 물욕과 육욕을 노골적으로 추구하는 사업가 난봉꾼(고영해, 고종국), 그들의 탐욕을 이용하는 방종한 아프레걸(이애리, 황산옥), 구식여성의 가치를 고수하고 있는 여성(한혜련), 교양 있고 합리적인 도시의 가정주부(김옥영)에 이르기까지 다양하다. 그들은 강석운의 소설을 읽으며 자신의 욕망을 합리화하는 근거를 발견하기도 하고, 낭만적 사랑의 판타지를 대리충족하기도 하며, 단순한 흥밋거리로 즐거움을 찾기도 한다.

> 고사장은 숨김없이 동감을 하며 "박목사가 바람을 피우는 과정이나 심리 파악이 대단히 훌륭해! 그러다 보니 강군도 그 방면에는 녹록치 않은 선수인 모양이어. 하하핫……." "호호홋……." (…) "참 훌륭한 작품이요. 색즉공이라고, 인생 자체가 텅 빈 것이고 보면 무엇인들 안 비었겠오만 그러나 박목사의 엽색에는 철학이 있어서 참 좋았오." "과분하신 말씀입니다."
> — 김내성, 《실낙원의 별》, 민중서림, 1959, 25쪽(이하 쪽수만 표시)

문학소녀의 탄생

"애리는 지금 K신문에 연재되는 〈유혹의 강〉을 읽는가?"

"요지음 얼맛동안은 못 읽었지만 무척 재미있는 소설이라고 생각했어요."

"그 소설 속에서 작자는 주인공 박목사의 입을 통하여 이런 말을 했어. (…) 인간이 정신적으로나 육체적으로나 쪽 벌거벗을 때, 여성은 이브가 되는 동시에 요부가 되는 것이며 남성은 아담이 되는 동시에 악마가 되는 것이라고……"

애리는 놀라며 닭의 다리를 접시에 도로 놓았다. 무언지 절실히 느끼면서도 해명하지 못하고 있던 수수께끼 하나가 드디어 풀리어 나가는 것 같았다.

"참 좋은 소설이야. 애리도 꼭 계속해 읽어요. 특히 애리나 나 같은 사람은 공명하는 바가 많을 테니까……"(146쪽)

소설 속 인물들이 강석운의 소설을 읽는 태도는 앞서 살펴본 1950년대 소설 독자의 그것과 다르지 않다. 특히 여성인물들의 소설읽기는 당대의 여성 독자들의 독서양상을 반영하고 있어서 흥미롭다. 가령 한혜련의 경우, 강석운과의 짧은 인연을 기억하기 때문이기도 하지만, 그의 소설을 읽으며 불행한 결혼생활의 외로움을 달래기도 하고, 강석운의 아내 김옥영은 남편의 소설을 읽으며 이상적인 결혼관계와 이상적인 가정모델을 상상한다. 그러나 소설 속 그 어떤 독자도 고영림만큼 강석운의 소설에 자기 삶 전체를 몰입하고 있는 이는 없다. 고영림이 사랑과 연애, 결혼에 대한 자신만의 기준을 확고하게 고집할 수 있었던 이유는, 강석운의 소설이 그리고 있는 세계관과 자신의 세계관이 완전히 합치된다고 믿었기 때문이었다. 고영림이 강석운의 소설을 읽으며 느끼는 감격과 몰입의 기쁨은 작가 강석운에 대한 흠모와 존경의 감정으로 발전한다.

영림은 퍽 오래 전부터 강석운의 소설을 탐독하고 있었다. 그리고 그 작품 속에서 작자가 보는 인생의 눈과 영림이가 보는 그것이 태반은 일치해 왔었다. **그러한 일치점을 발견할 적마다 영림이가 받는 감명은 말할 수 없이 컸다.** 그것은 주로 사고방법의 투명성과 감정의 소박성에 있었다. **그리고 그것은 고영림의 생리와 윤리의 한계가 작가 강석운의 그것과 일치하는 데서부터 기인하는 감정이입의 극치를 의미하고 있었다. 예술을 향수하는데 있어서 작가와 독자의 기질적 조건이 이렇듯 일치한다는 것은 독자나 작가에게 있어서 가장 행복한 이상적인 상태라고 아니 볼 수 없는 것이다.** 영림은 차츰 차츰 작품과는 떠나서 작가 강석운 그 사람을 환영에 그려보기 시작하였다. (64쪽)

고영림은 강석운의 소설에서 자기와 일치하는 세계관을 발견할 때마다 감정이입의 극치를 경험했다고 하지만, 고영림의 세계관(혹은 연애관)이라는 것은 여학교 시절부터 탐독해온 강석운의 소설을 통해 형성된 것이었다. 그녀가 강석운을 찾아가 그에게 느끼는 감정을 적극적으로 표현하는데, 이때 자신의 감정을 설명하는 방식이 강석운의 소설 구절을 인용하고 있다는 점에서도 그녀의 확신에 찬 신념이 강석운 소설의 독서를 통해 형성된 것임을 알 수 있다.

고영림은 모든 등장인물을 통틀어 강석운의 소설을 가장 열렬하게 애독하는 독자이다. 그녀가 강석운의 소설을 읽음으로써 형성한 연애관은 "영육의 완전한 합일로서 자기를 완성해 나가는, 서로에 대해 독점적 사랑을 요구할 수 있는" 것으로 요약되는 낭만적 사랑의 관념이었다. 즉, 고영림은 소설을 읽음으로써 형성한 낭만적 사랑의 연애관을 자신의 구체적 연애경험을 통해서 실현하고자 하지만, 자신의 세계관과 일치하는 상대자를 찾지 못했기 때문에 자신의 연애와 사랑은 관념적으로만 존재하는 것일 뿐이었다.

그녀가 석운을 찾아와 대담하게도 그를 유혹하겠노라고 발언하는 것, 석운이 자신을 사랑하게 될 것을 확신하고 있었노라고 말하는 것은 석운만큼은 고영림이 만난 다른 남성들과 달리 '낭만적 사랑'의 연애관을 갖고 있는 사람이라는 것을 그의 소설을 통해 이미 확인했기 때문이다.

> "애정이 비교적 순수할 수 있는 것은 오늘날처럼 생존 경쟁이 극심하지 않던 과거의 일이야. 지나간 시대에는 애정의 합리성을 불순하다고 보아 왔지만 오늘에 와서는 그것이 당연하다고 보아지고 있는 거야. 애정은 속속 합리화되고 있어. 오늘의 젊은 세대들의 마음속에는 삼부의 순수성과 칠부의 합리성으로 형성된 애정의 자세가 도사리고 있다고 나는 보는 거야. 그리고 그 삼부의 순수성마저 예술가들의 회고적 취미의 대상밖에 안될 뿐, 그들의 현실적인 애정의 자세는 세속적인 합리성에 있었어. 애리, 내 말 알아 듣겠어? (…)" (148쪽)

애리를 유혹하는 고영해는 새로운 세태의 애정관으로 '애정의 합리성'을 들고 있다. 이제는 사랑이 순수하게 정신적 가치만으로 실현되지 못하는 시대가 됐다는 것이다.

> "나에 대한 강선생님의 생각은 아직 모르지만…… 그러나 강선생님과 나와 관계가 앞날에 있어서 좀더 깊어진다면 그것은 인간이기 때문에 생기는 연애관계에요. 그렇지만 오빠는 그게 아녜요." "그럼 나는 뭐냐?" "짐승의 본능뿐일 거에요. 좀 더 달리 말함 여성들을 속여먹는 악마구요." "요

계집애가……?" 눈알을 부라리고 들리는 팔을 어머니는 또 꽉 눌렀다. "신의 존재를 무서워하는 인간만이 참다운 연애를 할 수 있는 자격을 가졌다는 말이에요. 오빠의 경우는 점잖게 말해서 단순한 애욕, 치정…… 좀더 적확한 과학적인 술어가 있지만 입이 더러워질까봐서 감히 담을 수가 없어요." (…) "어머니 좀 가만 계세요. 이 계집애가 제법 이론투쟁을 하자는 모양인데…… 그래 연애와 애욕은 뭐가 다르다는 말이냐, 응? 어디 너한테서 교훈을 좀 받아보자!" 오빠는 지극히 불쾌한 모욕감을 느끼며 영림을 억지로 주저앉혔다. (211쪽)

고영림의 연애관은 결혼을 전제로 하지 않는 낭만적 사랑의 추구로 나타나는데, 연애와 사랑에 대한 자유로운 입장을 고수하면서도 흔히 아프레걸들이 그러하듯이 성적 방종으로 나아가지 않는 이유는, 자신의 연애와 사랑에 대한 해석과 의미부여를 끊임없이 하고 있기 때문이었다. 그러한 연애경험에 대한 해석과 의미부여는 고영림의 소설쓰기를 통해서 구체화되는데, 그녀는 자신의 연애사를 기록한 〈칸나의 의욕〉과 〈칸나의 저항〉이라는 소설을 쓰면서 구체적이고 개별적인 연애경험을 자신의 성장의 서사라는 큰 줄기를 중심으로 하여 재배치하고 있다.

소설 속 여주인공 고영림은 소설가 석운의 연재소설을 탐독하며 내면화한 낭만적 사랑으로서의 연애관을 자기 삶에서 직접 실현하고자 한다. 그녀가 확신하고 있는 낭만적 사랑은 당대의 세태에서 이미 시효가 지난 가치로 여겨지는 것이었다. 고영해와 이애리가 그러하듯이, 또 1950년대 아프레의 시류가 그러하듯이 애정은 하나의 경제적 교환가치를 지닌 상품으로 간주되며, '영육의 합일을 통한 완전한 자기의 완성'이라는 낭만적 사랑의 이념은 순진하고 어리석은 태도로 간주된다. 소설 속 인물

한혜련이 낭만적 사랑의 이념을 갖고 있지만 남편에게 버림받고 단 한 번도 자신의 삶에서 낭만적 사랑을 실천하지 못하고 살아가는 것은, 그녀가 고수하고 있는 '낭만적 사랑'이 이제는 구식이 되어버린 가치였기 때문이다. 이는 소설 속에서 한혜련이 발랄하고 적극적인 현대여성으로서의 고영림의 대척점인 구시대적 여성모델로 위치하고 있는 점에서 다시금 확인할 수 있다.

그러나 고영림의 낭만적 사랑의 연애관이 한혜련의 그것과 다른 점은, 낭만적 사랑의 최종 완성형이 결혼이라는 제도로 안착하는 것이 아니라, 자아의 완성 또는 성장을 완성형으로 하고 있다는 점이다. 고영림은 강석운의 소설을 읽으며 내면화한 이러한 '자기의 완성으로서의 낭만적 사랑'이 과연 현실에서 가능할 것인가를 "실험"해보고자 강석운을 찾아가 그를 유혹하겠노라 선언하고는, 그와 연애를 시작하게 된다. 고영림에게 있어서 강석운과의 연애는 자신이 관념적으로 갖고 있는 낭만적 사랑의 이상이 현실적인 남녀관계에서 어떻게 실현될 것인가를 확인하는 과정이었다. 고영림이 자신의 연애경험을 기록한 〈칸나의 의욕〉, 〈칸나의 저항〉이라는 소설을 쓰고 있는 것은 낭만적 사랑의 관념을 형성하게 된 과정(〈칸나의 의욕〉)과 이러한 연애관을 실천하는 실험(〈칸나의 저항〉)의 기록인 것이다.

지난겨울, 영림은 정중한 편지와 함께 거의 이백 장이나 되는 감상문을 강석운에게 보냈다. 그것은 영림 자신의 거짓 없는 생활체험의 기록이었다. 제목은 〈칸나의 의욕〉-〈칸나의 의욕〉은 과거 고영림이가 사귀어 본 남성들의 기록을 중심으로 하여 영림 자신의 솔직 대담한 생태묘사로써 일관되어 있었다. 그 적나라한 묘사 가운데는 섹슈얼 미스테리(性的神秘)에 대한 과학적인 구명과 아울러 철학적인 당위성에까지 언급되어 있었다.
(64쪽)

영림은 만년필을 돌리고 다시금 원고지와 마주 앉았다. 집필된 〈칸나의
저항〉은 이미 백장을 넘고 있었다. 〈칸나의 저항〉은 〈칸나의 의욕〉의 속편
의 형식으로서 집필되고 있었다. 〈칸나의 의욕〉에서는 영림이가 여학생시
절부터 불살러 온 아름다운 욕망을 표현해 보았지마는 〈칸나의 저항〉에
서는 그 신화인 양 아름답던 동경이 마침내 행동화되어 강석운을 만나 본
이후에 있어서의 영림의 심정이 적나라하게 기록되고 있었다. (152쪽)

**'칸나는 이즈음, 분명히 자기의 연장(延長)을 강선생에게서 느꼈다. 칸나는
강석운이라는 옥토 깊이 뿌리를 박고 거기서 양분을 섭취하여 줄기를 뻬고
잎을 기르고 꽃을 피우고 있는 것이다. (…) 한낱 연약한 칸나가 강선생을
사랑한다고 생각하는 것은 주제넘은 착각이다. 다못 칸나는 강석운이라는
옥토 위에서 육체가 성숙하고 인격이 완성되어 가고 있다는 사실을 의식할
따름이다.'**
〈칸나의 저항〉에서 영림은 마침내 그렇게 기록하게끔 되어 있었다. (153쪽)

연애소설의 독서를 통해 연애관을 형성하고, 이를 현실 세계에서 실현
하려 했다는 점에서 고영림의 소설읽기는 1950년대 여성 독자의 독서경
향과 많이 닮아 있다. '독서하는 고영림'이 '글을 쓰는 칸나'라는 이중적
정체성을 갖게 된 것은, 강석운 소설의 열렬한 애독자인 고영림이 자신의
이야기를 소설화함으로써 자신의 경험세계를 허구의 소설세계로 옮겨오
고, 이로써 석운과의 사랑과 도피, 이별이라는 구체적 사건들을 자기 삶

의 서사 속에 성장의 서사로 재배치하려는 욕망을 반영한 것이었다.

일반적으로 사적영역으로 간주되는 여성 삶의 구체적 경험이 문학 또는 예술을 통해 재현될 때 공적영역에 진입할 수 있게 된다. 마리아 피아라라는 여성이 예술창작의 주체가 되어 자신의 삶의 서사를 재현해내는 스토리텔링이 공적영역에서 여성주의적 현존을 드러내는 수단이라고 말한 바 있다. 여성저자의 자전적(혹은 자기고백적 양식의) 스토리는 저자에게 있어 자기구성의 양식으로 기능할 뿐만 아니라, 여성 독자에게 있어서도 자신의 과거를 재구성하는 기회를 제공하는 모델이 된다는 점에서 그 의의를 찾을 수 있다. 자전적 스토리텔링이 여성문학에서 꾸준히 선택되어온 것은 그것이 미학적, 윤리적, 정치적 힘을 전달하는 수단으로서 여성의 삶을 다시 상상하고 묘사하도록 해주기 때문이다.[3]

영림의 돌발적 행동과 자기중심적인 애정관은 그녀가 소설을 좋아하고 자신의 삶을 소설로 쓴 인물이라는 점에서 용인되는 듯한데, 영림이 삶의 지침으로 삼는 석운의 소설은 그녀로 하여금 과잉된 자기애와 비합리적인 애정관을 갖게 했다. 영림은 소설을 통해서 배운 애정관과 결혼관을 실천했을 뿐 아니라, 스스로 자신의 이야기를 소설로 씀으로써 (자기 삶을 소설로 만듦으로써) 소설과 삶의 일치를 실현하려 했다. 그러나 그녀의 시도는 스스로를 스캔들의 주인공으로 만들었을 뿐이다. 영림은 석운과의 짧은 사랑을 자기 성장의 과정으로 해석하고 있지만, 그 이후 성장의 결과라 할 만한 유의미한 변화를 보여주지 않는다. 물론 소설 연재의 완료를 앞둔 시점에서 작가 김내성이 작고한 것이 이 소설 결말의 가능성을 미처 펼치지 못한 아쉬움을 남기기는 하지만, 이미 소설 속 인물들의 운명이 결정된 후의 시점에서 연재가 중단된 것이기 때문에 소설 결말부의 영림은 당초 작가의 의도대로 그려지고 있는 것으로 이해된다.

석운 역시 자신의 소설 속 세계관(연애, 결혼관)을 감당하지 못하고 파멸에 이를 뻔하는데, 석운을 구원해준 것은 끝까지 가족을 지키겠노라 다짐하는 큰딸과 딸의 글을 읽고 돌아온 아내 그리고 석운의 부모인데, 이들은 모두 가정 내에서 자신의 역할을 완수해내려는 의지를 가진 인물들이다. 결국, 가족윤리 및 가정윤리에 대한 확고부동한 태도로써 석운의 위기를 극복하게 한 것이다. 석운은 소설의 주인공이 되어 영림과의 사랑을 실현하려 하지만, 자신의 선택을 부정하고 다시 가정으로 돌아옴으로써 소설과 삶의 세계는 이제야 비로소 명확히 분리되어 제 자리를 찾게 된다.

한편, 영림은 자전적 인물인 칸나를 주인공으로 한 소설쓰기를 통해서 오빠와 아버지의 애정관을 비판한다. 애리는 영림의 오빠와 아버지가 경영하는 양조회사의 비서로 근무하다가 댄스홀 에리제의 마담이 된다. 애리는 전형적인 아프레여성으로, 연애를 판매함으로써 생계를 유지하는 인물이다. 그녀의 연애를 사들여 애욕을 채우는 인물인 영림의 오빠, 그리고 역시 아들과 유사한 인생관으로 두집살림을 하는 아버지는 모두 전후 한국사회의 부정적 인간형으로 그려진다. 영림의 아버지와 오빠는 연애와 애욕에 탐닉하여 가정을 등한시하는 인물이지만, 이들의 연애는 낭만적 사랑이 아닌 애욕과 향락의 대상으로 그려진다. 두 사람이 영림과 석운의 연애에 적극적인 반대자로 나서는 것은 낭만적 연애 혹은 연애와 사랑을 통한 자기발견이라는 영림의 세계관에 전혀 공감하지 못하기 때문이다. 두 사람이 생각하는 결혼의 조건은 낭만적 사랑이 아닌 경제적 교환가치에 있는 것이다. 따라서 두 사람은 사업의 번창을 위해 영림이 송 군과 결혼해야 한다고 주장하며, 두 집안의 경제적 통합이 결혼의 최종 완성형인 것이다. 흥미로운 것은 두 부자의 난봉과 애리의 연애판매가 1950년대 한국사회의 아프레 인물의 전형으로 그려지는 한편, 자신들의 행위의 정당성을 석운의 소설에서 일부 찾고 있다는 점이다. 그들은 석운의 소설 〈유혹의 강〉에 나타난 애욕의 긍정과 적극적인 실천에 공감하며 그것이 속물적 삶의 사실적인 모습이라고 설명한다. 이들 부정적 인물들은 모두 자기 욕망의 정당성을 소설에서 찾고 있으며, 그것이 진짜 현실의 모습이라고 합리화하고 있다. 소설에서 그리고 있는 긍정적인 인물형(석운의 아내, 석운의 부모, 영림의 어머니, 영림의 올케)이 소설 속 세계와 현실 세계를 분리하여 인식하고 있는 것과 대조적으로 부정적 인물형은 소설과 현실 세계의 경계를 지워버린 채 자기 행동의 정당화를 꾀하고 있다는 점은 눈여겨 볼 필요가 있다. 석운의 경우 후자에서 전자로 이동하게 된 인물이며, 영림의 경우 끝까지 소설 속 세계와 현실 세계를 일치시키려는 유일한 인물이지만 역시 자기애의 과잉 또는 현실감각이 떨어지는 인물로 그려지고 있다.

소설《실낙원의 별》은 표면적으로는 가정이 있는 중년의 소설가와 젊은 여대생의 불륜을 다루고 있지만, 이면에는 소설의 세계와 삶의 세계가 분리되지 않았을 때의 통속화된 현실이 이루어진다는 메시지를 담고 있다. 영림은 자신의 사랑과 성장의 과정을 〈칸나의 저항〉, 〈칸나의 의욕〉 등의 소설 장으로 구성함으로써 소설과 삶의 서사를 일치시키려고 하지만, 그녀의 내적 성장을 증명하고 고무시켜줄 현실적인 토대는 사실상 전무하다. 그녀의 자존감을 인정하고 고무하던 유일한 존재인 석운조차 그녀와의 관계를 부정함으로써 영림의 세계는 현실감을 상실하게 된 것이다. 만약 소설의 서사가 이어져서 영림이 자기 경험을 긍정하고 자기존재를 증명할 방법을 찾게 된다면 그것은 아마도 소설쓰기를 통해서였을지 모른다.

"선생님과 결혼할 생각은 한 번도 해본 적이 제게는 없어요." "그렇다면 더 큰 비극이다!" "누구에게 있어서 비극이라는 말씀이예요? 선생님에게 있어서……?" "한국의 생리적 윤리는 남자의 과거는 씻어 주어도 여자의 과거는 씻어 주지를 않는 거야." **과거는 자기의 역사를 의미하는 거예요. 자기의 역사를 씻기우기를 칸나는 바라지 않아요. 어쨌어쨌건 공들여 아로새긴 자기의 역사를 칸나는 무엇보다도 소중히 하며 살아갈 수 있는 인간이니까요.**" (238쪽)

'선생님'과 '남편'의 자격을 잃은 댓가로 작가 강석운은 '인간'을 찾았다. (…) 포옹의 흥분은 차차 가시고 사색의 즐거움이 둘이에게 왔다. (…) "저는 다만 제 생명의 가치를 그 누구의 것보다도 귀여워했을 뿐이예요. 그러기 위해서 제게는 선생님이 필요했어요. (…)" "정확한 생각이야. **자기 확장을 위해서 영림에게는 내가 필요했다는 말이지?**" "그래요, 제 나이가 어려서 그런지는 몰라도 연애에 있어서 섹스 문제 같은 건 제게는 그리 중요하지 않아요. 그보다도 **영혼의 양식이 필요했어요. 그 양식을 선생님만이 제게 주실 것 같았어요. 선생님의 작품을 여러가지 읽어 보면 기질적으로나 사고 방식으로나 또는 취미 같은 것까지 어쩌면 그처럼 통할 수가 있을까요?**" (242~243쪽)

"칸나는 언제나 칸나를 위해서 살아왔다." 때문에 칸나의 정열을 불사르고 떠나온 지금도 자기가 불행하다고는 생각해 볼 수 없는 영림이었다. "강선생님과는 떨어져 왔지만 **강석운이라는 인간을 통해 성장할 수 있었던 칸나의 인생은 소중한 푸러쓰다……**."

(…)

문학소녀의 탄생

"강선생님은 강선생님대로 자기의 인생을 살아가고…… 칸나에게는 계산이 없다! **지난 날의 낡은 감상보다는 항상 새롭고 움직임이 있어야 한다. 칸나의 고독은 칸나의 행동만이 구제할 수 있었다.**" 칸나는 항상 새롭고 움직임이 있어야 된다고 영림은 차탁 위의 핸드백을 집어 들고는 우뚝 서버리고 말았다. 카운터 위에 찻값을 치르고 영림은 '기다림' 다방 문을 총총히 나섰다. (…) **그러면서 칸나의 배(舟)를 저어가자고 영림은 그렇게 생각하며 걷는 것이었다.** (…) 지금 영림은 흔들리는 차 속에서 눈을 딱 감은 채 그러한 준오의 기억을 살려보고 있었다. "이제 돌아가서 그러한 준오의 순수성 속에서 칸나의 정열을 새롭게 불태워버릴까?" 막연한 기대 하나가 왔다.

(389~390쪽)

한편 소설가 석운과 아내 옥영은 자신이 처한 상황을 소설이나 영화의 한 장면에 빗대어 이해하고 해석하고 있는데, 이들에게 영화나 소설과 같은 허구적 서사물은 현실의 재현물이기도 하지만, 갑작스럽게 변화한 현실을 이해하는 전범으로 작용하고 있다. 이들에게 픽션은 현실을 이해하고 해석하는 근거가 되고 있는데, 현실에 대한 이해와 해석을 소설쓰기를 통해서 재현하는 소설가로서의 석운이 이러한 방식으로 현실을 인식하고 있다는 점은 흥미롭다. 그는 1950년대 여성 독자들의 스토리텔링이 그러했듯이, 허구와 현실, 픽션과 논픽션이 교착된 세계인식의 태도를 보여주고 있다.

이러한 뭇 극적인 장면과 극적인 심경을 석운은 지금까지 소설 속에서만 취급해 왔고 책상 앞에서만 공상해 왔었다. 주인공들의 비극적인 어떠한 참담한 심경에도 작자 강석운은 한 사람의 방관자로서의 착각적 흥분과 희열을 맛보아 왔다.

그러한 강석운이가 마침내 현실적인 비극의 주인공이 되어 몰리고 말았다. 석운은 작가적인 마음의 여유를 가지려 했다. 그리고 어느 정도 가져지기도 했다. 그러나 톱니바퀴처럼 연달아 부닥쳐 오는 현실의 물결 앞에 그러한 관조적인 마음의 여유는 물거품처럼 명멸하며 밀려 나가기만 했다. "내가 마침내 주인공이 되다니⋯⋯?" (304쪽)

안기어 오는 영림의 머리를 석운은 쓰다듬으며, 소녀 '에데'를 사랑한 늘 그막의 '몬테크리스트'를 생각했고, 십칠 세의 소녀를 사랑한 칠십 삼세의 '괴테'를 생각했고, 돌아올 줄 모르는 애인의 딸에 지극한 애착을 느끼는 '장 끄리스또프'의 늙은 심경을 생각했다. (315쪽)

걸으면서 옥영은 지난날, 소설이나 영화 같은 데서 이런 경우에 처해 있는 여주인공의 모습을 하나 둘 골라 내 보았다. 그러나 모두가 다 자기보다는 나이 어린 연대의 여성들이었다. "내 나이가 벌써 사십을 바라보는데⋯⋯." (334쪽)

독서와 글쓰기를 통한 현실인식과 자기 삶의 서사화는 앞서 언급한 바와 같이 전후 여성 삶의 서사를 새롭게 구성해야만 하는 여성 독자 일반의 현실적 문제와 관련된다. 문학적 경험을 통해서든 삶의 문학적 형상화를 통해서든 간에 삶의 서사를 구성하려는 여성 독자들의 적극적인 시도는 기존의 서사가 더 이상 자기 삶을 설명해주지 못한다는 위기감에서 출발했던 것이다.

삶의 해답을 구하기 위해서이든, 전후 여성의 현실을 공감함으로써 집단적 정체성을 확인하기 위해서든 여성 독자의 스토리텔링의 욕구는 자기 삶의 경험을 문학적으로 서사화하려는 시도로 드러났고, 이는 전후 여성의 현실인식 태도이기도 했다. 이와 같은 전후 여성 독자의 현실인식이 《실낙원의 별》에서 소설의 세계와 현실의 세계를 일치시키려는 고영림(칸나)과 같은 허구적 독자를 탄생시켰고, 고영림과 같은 인물의 탄생은 최희숙이라는 여대생 작가의 출현으로 현실화됐다.

2. 불온한 여대생의 자전적 글쓰기: 《슬픔은 강물처럼》

여성 독자의 글쓰기와 관련하여 1950년대에 주목할 만한 사건은, 1959년 여대생 작가 최희숙의 등장이었다. 정식 소설가로 등단하지 않은 저자의 연애소설 《슬픔은 강물처럼》은 베스트셀러로 큰 성공을 거두게 된다. 당시 이화여대 국문과 3학년에 재학 중이던 최희숙은 《슬픔은 강물처럼》(신태양사)을 출간하며 세간의 호기심과 비난을 동시에 받게 된다.[4] 자신의 연애경험을 성장의 서사로 재구성한 최희숙은, 소설의 세계와 삶의 세계를 일치시키고자 했던 현실 세계의 칸나(고영림)라고 할 수 있을 것이다.

최희숙은 《여원》의 애독자현상문예에 시 〈반월〉을 발표한 것이 유일한 문예경력이었는데, 소설 《슬픔은 강물처럼》을 발표한 후 세간의 주목을 받게 된다.

최씨는 소녀들이 대부분 그렇듯이 중학 때부터 문학에 흥미를 느꼈고 대학시절의 명동생활 때는 특히 문인들과 친하게 지냈지만, 저자가 된다는

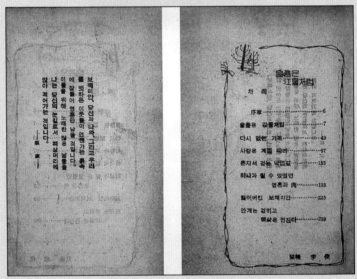

최희숙의 《슬픔은 강물처럼》(신태양사, 1959)의 표지와 차례 및 작가의 말.

문학소녀의 탄생

《여원》1959년 12월호에 실린《슬픔은 강물처럼》지면 광고.

것은 꿈에도 생각하지 못했다.《슬픔은 강물처럼》을 내놓을때까지 그의 글이 활자화된 것은 대학 1학년 때 월간《여원》에 시 〈반월〉을 발표한 정도였다.

그러나 고교시절《안네의 일기》를 읽은 이후 일기를 쓰고 싶다는 생각은 간절했는데, '영'의 입대를 계기로 집필에 들어갔다는 것이다. 최씨는 노트에다 일기를 썼는데, 1년쯤 써나가자 활자화하고 싶은 생각이 들어 '명동 친구'들에게 부탁했다. 모두들 가망 없다는 반응이었으나 평론가 C씨가 신태양사의 편집장으로 있던 유주현씨에게 소개해줬다. "일기를 보자 뻔뻔스러울 정도로 당돌한 내용이었지만, 여기에는 나름대로의 인간적인 진실이 숨어 있었으며, 이런 적나라한 표현이 세계적인 추세라고 판단해서 출판을 결심했다"는 게 유주현씨의 말이다.[5]

최희숙은 이화여대 국문과 학생으로 명동의 유명한 다방(문예싸롱, 돌체 등)을 전전하며 문학과 예술을 탐닉하는 동년배의 대학생들과 연애를 하기도 하고, 소설가나 시인을 만나 문학에 대한 강의를 듣기도 한다. 독자는 서술자인 '나'를 곧 저자 최희숙과 동일시하여 읽었으며, 소설 속의 사건들도 실제 사건과 일치하는 것으로 간주했다. 전문 작가가 아닌 여대생 신분으로 자신의 사생활을 가감 없이 노출한 이 책은 대중적 인기를 얻는 동시에 저자 최희숙을 스캔들의 대상으로 만들었다.

"일기 내용을 알고 있는 오빠가 출판 전부터 책이 나오면 너는 시집 못 가고 집안 망신이라며 두들겨 팼고 책이 나오자 창피하다며 첫 직장을 일주일이나 결근했"고, 학교 측에서는 다른 스캔들과 이 책의 출판 등을 묶어 퇴학처분을 내렸다. 그러나 논란만큼이나 놀라운 상업적 성공을 이루었는데, 이 책은 출판 1개월 만에 초판이 매진됐으며, 그 후 2~3

년 동안에 약 5만 부가 나갔고 영화로 제작되기까지 했다.[6]

일기는 1958년 5월 27일에 시작되어 이듬해 8월 22일까지 약 15개월 동안의 기록을 담고 있다. 일기의 화자는 1939년 경남 하동에서 사업가의 둘째 딸(위로 오빠, 아래로 고1 남동생)로 태어났고, 진주여중과 수도여고를 거쳐 이화여대 국문과에 재학 중인 '제니'(최희숙 자신)이다. 그녀는 다방 '돌체'에서 "신비와 모호한 고독을 함께 갖춘 보통 남자가 아닌 것 같"(44쪽)은 '보헤미안'을 만나 반하게 된다. 호가 '河人'이며 서라벌예대 연영과를 졸업했고 《현대문학》에서 시를 추천받은 시인인 '보헤미안'은 희숙의 이상형이었던 것인데, 그녀는 이를 "내가 찾고 바라던 사랑, 영혼과 육체가 결합할 수 있는 사랑"(46쪽)이라 표현한다. 그녀는 결국 '보헤미안'을 택해 애인이 된다. 그리하여 '영'에게 쓰던 일기는 1958년 10월 13일부터 '보헤미안'에게 쓰게 된다.

소설의 화자는 '영'과 '보헤미안' 사이에서 낭만적 사랑의 성취와 실패를 통해 스스로 내적 성장을 이루었다고 결론짓고 있다. 이 소설이 독특한 점은 공식적인 등단 과정을 거치지 않은 여대생의 자전적 이야기라는 것과 결혼을 전제하지 않은 낭만적 사랑에 대한 당대 여대생의 내면을 구체적으로 보여주고 있다는 점이다. 기성 작가의 시선이나 미디어의 보도를 통해 표상되던 여대생의 이미지는 이 소설을 통해서 구체적인 저자의 목소리로 생생하게 독자들에게 전해지게 된 것이다.

가부장적 순결주의를 부정하며 아버지와 오빠라는 가족 내의 가부장 권력에 도전할 뿐 아니라 자신의 욕망에 따른 사랑과 성의 경험을 선택한다는 점에서 소설 속 주인공은 파격적인 이단아였다. 더욱이 이 소설이 작가의 자전적 서사로 읽혔던 당시의 상황을 고려한다면 독자들에게 이 소설은 새로운 인물, 새로운 목소리의 탄생을 의미했다고도 볼 수 있을 것이다. 자신의 성과 사랑의 경험에 대한 거침없는 표현, 가부장적 결혼제도에 대한 냉소, 문학과 예술을 사랑하는 자유로운 보헤미안과 같은 여성인물은 당시의 기준에서 상당히 파격적인 설정이었다. 그럼에도 불구하고 이 소설이 독자들에게 큰 반향을 일으킬 수 있었던 배경에는 프랑수아즈 사강의 유행이 있었다. 실제로 이 책의 광고는 "한국의 싸강, 최희숙"이라는 문구로 제시됐다.

1955년 《슬픔이여 안녕》의 번역을 시작으로 국내에 소개된 사강의 소설은 이후 후속작이 발표되자마자 번역되어 소개됐는데, 국내 독자층, 그중에서도 특히 여성 독자층에게 상당한 인기가 있었다. 《여원》에서 번역 소개한 사강의 세 번째 소설에 대한 독자들의 열광적인 호응, 《슬픔이여 안녕》이 1950년대 최고의 베스트셀러로 손꼽히고 있었다는 사실, 사강의 결혼과 이혼, 재혼 소식뿐 아니라 심지어 그녀가 키우던 반려동물에 대한 가십거리조차 일간신문에서 주기적으로 다루고 있었던 것으로 미루어 사강의 소설과 사강이라는 인물에 대한 국내 여성 독자들의 관심은 상당했던 것으로 보인다. 사강의 소설은 자기 경험에 대한 사실적 묘사, 특히 성과 연애의 경험을 통해 성장하는 여성의 이야기라는 점에서 당대 독자들에게 신선한 흥미를 주었다. 발랄하고 사실적인 연애의 묘사와 육체적·정신적 사랑에 대한 사실적 묘사뿐만 아니라 성적 욕망의 발견을 통해 내면을 구성하고 이를 다시 자기 성장의 서사로 완성하고 있다는 점에서 당시 독자들에게는 새롭고도 매력적으로 느껴졌다.

한국의 '유사 사강'을 필요로 했던 출판시장은, 글쓰기를 실천할 수 있는 교양과 지성을 구비했을 뿐 아니라, 대중들의 선망과 호기심의 시선을 받고 있었던 여대생 필자를 발견하게 된 것이다. 또한 여대생의 연애와 성 문제를 작품의 주요 서사로 하되 기성세대의 시선으로 묘사된 것이 아닌 당사자의 시선과 목소리로 재현됐다는 점에서 글쓰기를 통한 여성의 자기구성을 실천하고 있다. 무엇보다 최희숙은 기존의 일반적이고 공식적인 등단제도(신춘문예나 추천제)와 무관하게 혹은 그것을 비껴서 '스스로' 작가가 됐다. 작품의 수준 여하를 차치하더라도, 그녀의 소설이 문단과 평단에서 철저히 외면 받은 것과는 대조적으로 영화계와 독서계에서는 뜨거운 호응을 받았다는 사실에서 1950년대 여성 독자의 글쓰기와 글 읽기가 어떤 의미였나는 짐작할 수 있다.

결론을 대신하여

흔히 독서와 젠더의 관계에서 여성의 독서는 무모하고 무절제한 것으로 간주되어왔다. 진부한 로맨스를 무비판적으로 수용하는 감상적 독자로서의 여성이미지는 현실 세계에서나 소설의 세계에서 결코 낯선 것이 아니다. 서구문학적 전통에서 엠마 보바리가 그 대표적 사례라면 한국근대문학에서는《김연실전》의 김연실이 그 예이다. 이 두 명의 허구적 여성 독자는 연애소설에 탐닉하여 현실과 허구를 분별하지 못한 어리석음으로 인해 불명예스러운 스캔들의 주인공이 되고 말았다. 서구근대소설의 역사적 맥락에서 이러한 '어리석은 여성 독자'가 등장하게 된 데에는 중산층 여성 독자의 성장이라는 역사적 사건과 관련된다.

18세기 이후 경제적·시간적 여유를 누리게 됐지만 여전히 가정의 영역에 매여 있던 중산층 여성들에게 소설은 거의 유일한 취미생활이었다. 이들에게 소설은 답답한 일상의 일시적 피난처이자 여성들에게 익숙한 반응인 정서적 공감을 충족시켜주는 읽을거리였다. 따라서 이들 여성 독자의 성장과 함께 소설은 점차 여성적 영역으로 변화하게 됐다. 그러나 한편에서는 감상적이고 무비판적, 무차별적 독자로서의 여성이미지가 강조되면서, 소설이 조잡하고 천박한 취향을 반영하는 대중문화의 상징으로 전락하는 것을 우려하는 시각도 나타났다. 이에 따라 진지하고 냉철한 안목을 갖추고 텍스트의 의미를 신중하게 읽어낼 수 있는 고급독자와 대조되는 속기 쉽고 감상적이며 예술과 현실을 혼동하는 여성 독자의 이미지가 뚜렷해졌다. 이렇게 하여 순진하고 어리석은 여성 독자의 이미지는 남성작가의 소설 속에서 반복적으로 등장하게 됐고, 엠마 보바리는 이 중에서 가장 악명 높은 사례가 된 것이다.[1]

물론 18세기 유럽 중산층 여성의 독서경향을 모든 여성의 경우로 일반화시킬 수는 없다. 오늘날도 마찬가지이지만 수많은 여성 독자들은 다양한 목적에서 독서를 한다. 때로는 정보를 얻기 위해 또 때로는 지적인 호기심을 만족시키기 위해, 각각의 특수한 상황과 목적에 따라 여성의 독서는 감수성을 중시하는 정서적 공감으로 반응하기도 하고 의식적으로 저자에게 저항하는 읽기로 반응하기도 한다. 그러나 18세기 이후 여성의 독서를 위험하고 불온한 것으로 묘사해온 서양 문화의 역사는 꽤 오랫동안 지속됐고, 그 결과 여성젠더의 독서에 대한 고정적 이미지는 현재까지도 일부 유지되고 있다.

여성의 독서가 이성적·비판적 반응보다 감성적·정서적 반응이 우선하는지 여부에 대해서는 재고의 여지가 있겠지만, 여성 독자에 대한 담론은 여성 독자의 감상적·정서적 반응을 여성 독서의 미덕으로 긍정하기도 하고 앞서 살펴본 사례와 같이 어리석은 독서의 전형으로 비판하기도 했다. 김연실이라는 허구적 여성 독자의 이미지에서 확인할 수 있듯

문학소녀의 탄생

이, 한국문학사에 있어서 여성 독자의 감상적 독서태도는 미덕으로 긍정되기보다는 순진하고 어리석은 독서태도로 비난받기가 쉬웠다. 현실과 소설을 구분하지 못 하고 자신을 소설 속 주인공으로 착각한 여성의 어리석은 선택이 어떻게 스스로를 파멸에 이르게 하는지를 경고하는 《김연실전》은 (신)여성의 독서태도를 향한 지식인 남성의 조롱과 비난이 노골적으로 드러난 예이다.

하지만 해방 후 한글교육의 확대로 문맹률이 줄어들고 미군정의 용지 공급으로 각종 잡지와 출판물이 증가하면서 여성 독자는 출판시장의 중요한 독자집단으로 부상하게 된다. 《여학생》, 《여원》, 《주부생활》 등 여성 독자를 대상으로 하는 잡지가 성공을 거두면서 여성의 독서취향은 잡지 출판계의 중요한 마케팅 수단으로 활용된다. 연애소설의 연재, 낭만적 향수와 감상적 삶의 태도를 그리는 문인 에세이의 연재물은 여성 독자의 취향을 적극적으로 반영한 결과였다. 특히 문인들의 사색적 에세이는 일상에 대한 관찰과 사색, 유년 시절에 대한 낭만적 동경, 고독의 향수 등을 통해서 대상에 대한 몰입과 정서적 공감이라는 여성적 독서태도에 세련된 심미안의 형성이라는 가치를 부여하며 여성적 독서의 이상적 규범으로 제시했다. 이러한 문인 에세이의 감수성은 여성 독자의 문예취향에 지속적인 영향을 끼쳤고, 이러한 여성 독자의 감상주의적 세계인식은 독자문예라는 보다 적극적인 참여를 통해서 실현됐다. 문인 에세이를 흉내 낸 수필을 쓰고, 편지나 소설·시를 써서 잡지에 투고하는 등 여성 독자의 감상적 독서취향은 글쓰기의 실천으로 강화되었을 뿐 아니라, 여성 독자들은 잡지를 매개로 한 센티멘탈한 문예공동체적 정체성을 구성하게 됐다.

여성지의 독자문예를 계기로 여성 독자의 글쓰기 욕구는 더욱 확대되어 문단의 공식적인 추천과정을 거치지 않은 여성작가의 출판물이 등장하는 결과로 이어졌다. 양인자, 백혜자와 같은 10대 소녀의 소설과 시가 출간되어 대중의 관심을 받는가 하면 10대 소녀 작가 출신인 신지식이 '소녀소설'이라는 장르에 특화된 작가로 부상하기도 했다. 이들은 주류문단의 작가로 인정되지는 않았지만 여학생 독자들의 열정적인 지지를 받으며 독서 출판시장의 새로운 장을 개척해갔다. 10대 소녀의 세계를 그리고 있는 이들의 작품은 학창 시절의 추억, 섬세하고 감상적인 삶의 태도, 세파를 겪지 않은 순수한 소녀들의 이야기를 다루고 있어서 기성세대에게도 안전한 읽을거리로 추천되었다. 그러나 문학소녀 작가가 문학소녀 독자와 공유하던 정서는 간절하게 욕망한 소통과 표현의 욕구가 번번이 좌절되는 현실인식에 있었다. 소녀다움의 순수함과 수줍음의 미덕은 온전히 말과 글로써 자기를 표현할 수 없는 한계를 갖고 있었기에 소녀의 언어는 필연적으로 오해와 소통의 좌절을 동반하고 있었다. 신지식과 양인자, 백혜자의 소녀문학은 소통의 좌절을 경험하며 형성된 비애와 번민이라는 문학소녀들의 망탈리테를 그리고 있었기 때문에 문학소녀 독자들의 공감과 지지를 얻을 수 있었던 것이다.

한편 해방 후 한글세대로 성장한 문학소녀들과는 별도로 일정 수준의 교육을 받은 성인여성들은 가정주부 독자, 여대생 독자 등 성인여성 독자의 블록을 형성하고 있었다. 이들은 문학소녀들의 '소녀다움'과는 다소 성격이 달랐지만, '여성' 독자라는 공통된 정체성으로 글쓰기를 매개로 한 사회적 소통에 참여하게 된다. 이들의 글쓰기는 한국전쟁 이후 잡지 출판계에서 두드러진 여성 독자의 자전적 스토리텔링과 논픽션 서사물의 유행으로 이어졌다. 이러한 실화와 논픽션의 유행은 소설이 대중의 삶의 구체성을 따라가지 못하고 있었던 현실과 관계가 깊다. 전쟁 이전에도 또 전쟁 이후에도 여성에게 있어서 가장 큰 관심사는 사랑과 연애, 결혼의 문제였다. 여성이 일상적 차원에서 근대를 경험하게 된 첫 사건은 자유연애와 이를 통한 근대적 결혼관의 각성이었다고 해도 과언이 아닐 것이다.

그러나 한국전쟁은 기존의 사회질서와 가치체계를 급속도로 변화시켰고, 여성의 현실을 지배해온 낭만적 사랑과 연애, 결혼의 서사는 이제 그 효력을 다한 것처럼 보였다. 여성은 전쟁 통의 피란지에서 또는 환도 후의 어수선한 도시에서 생계를 위해 고독한 가장이 되어야 했고, 다양한 유혹—그것은 계이기도 했고, 남편 아닌 남성의 구애이기도 했고, 자신의 육체적 욕망이기도 했다—으로부터 스스로를 보호해야 했다. 이에 따라 여성은 일상적으로 맞닥뜨리게 되는 생계와 유혹의 문제를 해명할 수 있는 새로운 삶의 서사를 필요로 하게 됐다. 자기 삶의 문제를 해명할 수 있는 마땅한 서사가 부재한 상황에서 독자는 스토리텔링의 주체가 됨으로써 새로운 삶의 서사를 모색하고자 했고, 전후 실화양식의 유행은 이러한 배경에서 나타난 현상이었다. '어쩌하면 좋을까요', '해답을 알려주세요' 등의 말로 끝나는 이들 여성 독자의 스토리텔링은 여성 독자들 사이의 공감과 유대감을 형성하는 매개체가 된 동시에 여성의 구체적 삶의 경험이 하나의 텍스트로 인식되는 결과를 낳았다. 여성 독자는 소설보다 더 소설 같은 자기 삶의 스토리텔링을 통해서 스스로 텍스트 생산자가 되어, 문학이 삶이 되고 삶이 곧 문학이 되는 현실인식의 태도를 갖게 된 것이다.

문학소녀와 여대생, 가정주부 등 해방 후 특화된 여성 독자의 독서취향과 글쓰기는 자기표현과 자기구성을 목적으로 하고 있다는 점에서 공통점을 갖는다. 이들 여성 독자의 정체성과 세계인식은 공적세계의 주류

담론으로 성장하지 못하고 가정과 (여)학교를 배경으로 여학생과 가정주부의 세계에 한정되는 경우에만 공식적으로 인정되었다. 문단의 권위자들은 여성 독자의 글쓰기를 소녀다움과 가정여성다움의 미덕을 강조하는 방식으로 지도했고 이를 넘어서는 독자의 글쓰기는 서툴고 거친 센티멘털리즘의 과잉으로 비판했다. 그러나 문인들의 권위적인 발언과는 별개로 독자 내부에서는 여성 독자의 문예취향이 공유되고 있었는데, 〈독자싸롱〉, 〈독자통신〉 등의 지면을 매개로 한 독자 간의 커뮤니티에서 특정 투고자가 인기를 얻고 있었던 것이 그 예이다.

여성 독자의 문학적 감수성 또는 센티멘털리즘은 이들이 문단에 진출하여 창작에 참여할 수 없는 한계로 간주됐던 반면, 상업적 출판시장에서는 적극적으로 수용되면서 문화소비자로서의 여성적 취향으로 특화됐다. 이들은 본격문학과의 관계에서 하위문학으로 위계화됐지만, 여전히 출판시장 내의 영향력 있는 문화소비자 집단으로 존재하면서 자신들의 문예취향에 부응하는 다양한 소설형식을 탄생시켰다. 1950년대 김내성의 신문연재소설 《실낙원의 별》은 연애소설을 탐닉하는 여성인물이 소설과 현실을 구분하지 못하는 어리석은 독자가 아닌, 현실의 균형감각을 지닌 지적인 독자로서 연애소설을 통해 자신만의 개성적 연애관과 인생관을 모색하는 주체적 인물로 제시되고 있어 주목된다. 연애소설의 독서를 통해 낭만적 사랑이라는 연애관을 형성하고, 이를 현실 세계에서 실현하려 했다는 점에서 고영림의 소설읽기는 1950년대 여성 독자의 독서경향과 많이 닮아 있다. 독서하는 고영림이 글을 쓰는 칸나라는 이중적 정체성을 갖게 된 것은, 강석운 소설의 열렬한 애독자인 고영림이 자신의 이야기를 소설화함으로써 자신의 경험세계를 허구의 소설세계로 옮겨오고, 이로써 석운과의 사랑과 도피, 이별이라는 구체적 사건들을 자

문학소녀의 탄생

기 삶의 서사 속에 성장의 서사로 재배치하려는 욕망을 반영한 것이었다.

독서와 글쓰기를 통한 현실인식과 자기 삶의 서사화는 앞서 언급한 바와 같이, 전후 여성 삶의 서사를 새롭게 구성해야만 하는 여성 독자 일반의 현실적 문제와 관련된다. 문학적 경험을 통해서든 삶의 문학적 형상화를 통해서든 간에 삶의 서사를 구성하려는 여성 독자들의 적극적인 시도는 기존의 서사가 더 이상 자기 삶을 설명해주지 못한다는 위기감에서 출발했던 것이다. 삶의 해답을 구하기 위해서든, 전후 여성의 현실을 공감함으로써 집단적 정체성을 확인하기 위해서든 여성 독자의 스토리텔링의 욕구는 자기 삶의 경험을 문학적으로 서사화하려는 시도로 드러났고, 이는 전후 여성의 현실인식 태도이기도 했다. 이와 같은 전후 여성 독자의 현실인식이 《실낙원의 별》에서 소설의 세계와 현실의 세계를 일치시키려는 고영림(칸나)과 같은 허구적 독자를 탄생시켰고, 고영림과 같은 인물의 탄생은 최희숙, 신희수와 같은 여대생 작가의 출현으로 현실화됐다.

이러한 여대생 작가의 등장은 1950년대 여성 독자의 형성과정과 대중소설과 순수소설에 대한 위계가 강조되기 이전 소설의 대중성에 대해 비교적 관대한 태도를 보였던 1950년대적 특징에서 비롯된 것이었다. 1960년대에 이르면 자기 체험을 서사화한 수기나 연애소설이 더욱 유행하게 되는데, 대중적 성공에도 불구하고 이미 그때는 대중문학과 순수문학의 경계와 위계가 강화되어가고 있었던 배경에서 이러한 자기서사, 특히 여성의 연애경험에 대한 자기서사 양식은 본격문학에 포함될 수 없는 아마추어적인 통속소설로 제외됐던 것이다. 그러나 이들 여성서사물의 과잉된 센티멘털리즘과 통속성의 배경에는 1950년대 여성 독자의 독서와 현실인식 태도가 근거로 자리하고 있었다.

주

서론

1. 〈15세 소녀의 장편소설〉, 《동아일보》, 1961. 11. 5

2. 〈슬픔을 깨닫고〉, 《경향신문》, 1961. 2. 18.

3. 이한국 편저, 《1957년도 출판연감》, 대한출판연감사, 1957, 730쪽.

4. 쥬디스 키건 가디너, 신은경 옮김, 〈여성의 정체성과 여성의 글〉, 김열규 외 옮김, 《페미니즘과 문학》, 문예출판사, 1995.

5. 이언 와트(Ian Watt), 김유나·고경하 옮김, 《소설의 발생》, 강, 2005.

6. 마틴 라이언스(Martyn Lyons), 〈19세기의 새 독자: 여성, 어린이, 노동자〉, 로제 샤르티에(Roger Chartier), 굴리엘모 카발로(Gulielmo Cavallo) 엮음, 이종삼 옮김, 《읽는다는 것의 역사》, 한국출판마케팅연구소, 2006.

7. 마에다 아이(前田愛), 유은경·이원희 옮김, 《일본 근대 독자의 성립》, 이룸, 2003.

8. 천정환, 《근대의 책 읽기》, 푸른역사, 2003.

9. 김경연, 〈근대 여성잡지와 여성 독자의 형성: 《신여성》을 중심으로〉, 《한국문학논총》 54, 2010; 박지영, 《《신여성》誌의 '독자투고'문을 통해서 본 '여성적 글쓰기'의 형성과정〉, 《여성문학연구》 12, 2006.

10. 박혜숙, 〈여성 자기서사체의 인식〉, 《여성문학연구》 8, 2002; 이정희, 〈여성의 고백담과 근대체험〉, 《비교문화연구》 5, 2002; 이정희, 〈근대 여성지 속의 자기서사연구: 성·사랑·결혼에 관한 여성의 서사를 중심으로〉, 《현대소설연구》 19, 2003; 박혜숙·최경희·박희병, 〈한국여성의 자기서사(1)~(3)〉, 《여성문학연구》 7-9, 2002-2003.

11. 정미지, 〈1960년대 '문학소녀' 표상과 독서양상 연구〉, 성균관대학교 석사학위논문, 2010.

12. 신용옥, 〈1950년대 원조의존 경제체제와 종속적 산업화〉, 강만길 엮음, 《한국 자본주의의 역사》, 역사비평사, 2000.

13. 한국여성문학회 여원연구모임, 《《여원》 연구: 여성·교양·매체》, 국학자료원, 2008.

14. 윤금선, 〈해방 이후 독서대중화 운동〉, 《국어교육연구》 17, 2006.

15. 노지승, 〈1950년대 후반 여성 독자와 문학 장의 재편〉, 《한국현대문학연구》, 30, 2010.

1장 해방 후 문예교육과 문학소녀의 탄생

1. 〈한글독본〉,《새살림》, 1947. 2·3; 신영철, 〈한글바루아는법〉,《새살림》, 1947. 4·5.

2. 이난숙, 〈국어와 여성〉,《새살림》, 1947. 4·5; 정열모, 〈여성과 한글〉,《새살림》, 1947. 11.

3. 조경원·이배용, 〈해방 이후 여성교육정책의 변화와 여성의 사회진출 양상〉,《한국교육사학》22-2, 2000.

4. 문교40년사편찬위원회,《문교40년사》, 문교부, 1988.

5. 박붕배,《한국국어교육전사》上, 대한교과서주식회사, 1987.

6. 이희승, 〈국어교육의 몇 가지 문제〉,《새교육》, 1949. 3.

7. 미군정기부터 제1차 교육과정기까지의 국어교과서 체제는 박붕배,《한국국어교육전사》, 대한교과서주식회사, 1987 참조.

8. 1955년 8월 1일 제1차 중학교 국어과 교육과정 전제문. 박붕배,《한국국어교육전사》, 30쪽에서 재인용.

9. 백철, 〈文學과 敎養〉,《새교육》, 1956. 5-6.

10. 이병인, 〈敎養과 讀書〉,《새교육》, 1956. 11.

11. 〈좌담회: 50년대의 문학을 말한다〉(백철, 이무영, 이인석, 김종문, 안수길, 모윤숙, 김규동, 김광섭, 사회-김송),《자유문학》, 1959. 12.

12. 김동리, 〈청소년의 읽을거리 문제〉,《새교육》, 1959. 10.

13. 경기여자중·고등학교,《京畿女高五十年史》, 1957. 10.

14. 〈좌담: 여류 예술계의 전망〉,《여원》, 1956. 1.

15. 경기여자중·고등학교,《京畿女高五十年史》.

16. 윤태영(國學大學講師), 〈作文敎育의 再構成〉,《새교육》, 1955. 10.

17. 〈새 문학의 싹들〉,《동아일보》, 1957. 11. 2.

18. 〈(학교도서관을 통해본) 여학생의 독서경향〉,《월간 YWCA》, 1958. 12; 김세익(마산여고 사서교사), 〈여학생들의 독서경향〉,《새교육》, 1959. 10.

19. 〈학생들의 독서경향, 문학이 단연 으뜸, 여학생들은 대개 슬픈 책을〉,《조선일보》, 1959. 10. 20.

20. 허만하, 〈시인들이 남긴 일들: 대구시절의 목월〉,《현대시학》, 2007. 8.

21. 〈제1회 현상전국여고생 문예리레-〉,《여성계》, 1950. 7.

2장 소녀문학과 문학소녀의 망탈리테

1. 이원수, 〈신인과 패기: 근자의 아동문학점고(하)〉,《동아일보》, 1956. 3. 8.

2. 김남조,《동아일보》, 1956. 3. 14.

3. 강소천,《경향신문》, 1956. 3. 1.

4. 정한숙, 《조선일보》, 1956. 2. 22.

5. 최태호, 〈신지식 창작집 감이 익을 무렵〉, 《동아일보》 1959. 1. 16.

6. 정한숙, 《경향신문》, 1958. 12. 18.

7. 안영, 〈'하얀 길'로 오신 선생님〉, 신지식 선생 추모 모임, 《하얀길 별에 오르다: 신지식 선생 추모 문집》, 수필과비평사, 2021, 204~205쪽.

8. 〈좌담회: 50년대의 문학을 말한다〉(백철, 이무영, 이인석, 김종문, 안수길, 모윤숙, 김규동, 김광섭, 사회-김송), 《자유문학》, 1959. 12.

9. 신지식, 〈아카시아〉, 《하얀 길》, 산호장, 1956, 26쪽.

10. 위의 책, 228쪽.

11. 위의 책, 80쪽.

12. 신지식, 〈해바라기〉, 《감이 익을 무렵》, 성문각, 1958. 87쪽.

13. 위의 책, 93쪽.

14. 위의 책, 99쪽.

15. 위의 책, 13~14쪽.

16. 양인자, 《돌아온 미소》, 문호사, 1961.

17. 〈아버지 그리운 마음으로: 《돌아온 미소》의 15세 소녀작가 양인자〉, 《경향신문》, 1961. 12. 9.

18. 양인자, 앞의 책, 55쪽.

19. 위의 책, 42쪽.

20. 위의 책, 48~54쪽.

21. 양인자, 〈후기〉, 위의 책, 208쪽.

22. 〈아버지 그리운 마음으로〉, 《경향신문》.

23. 백혜자, 〈요즘 내가 생각하는 것〉, 《경향신문》, 1961. 2. 18.

24. 오영원, 〈혜자 이야기〉, 백혜자, 《소라의 꿈》, 영문사, 1961, 88~91쪽

25. 전봉건, 〈머리말〉, 위의 책, 1쪽.

26. 백혜자 인터뷰, 〈들꽃이 그리워요〉, 《조선일보》, 1961. 2. 19.

27. 위의 인터뷰.

28. 백혜자, 〈후기〉, 앞의 책.

29. 백혜자, 앞의 인터뷰.

30. 박숙자, 〈'문학소녀'를 허하라〉, 《대중서사연구》 20-2, 2014, 39~40쪽.

31. 김광식, 〈십 대의 문학적 감성〉, 《동아일보》, 1958. 4. 13; 김규동, 〈가을과 사고〉, 《조선일보》, 1958. 10. 20; 임옥인, 《여학생 문장강화》, 신광사, 1959.

32. 장수경, 〈《학원》의 '학원문단'과 '학원문학상'의 의미〉, 《현대문학이론연구》 38-38,

2009, 279쪽.

33. 임옥인, 앞의 책, 9~10쪽.

34. 김규동, 앞의 기사.

35. 김광식, 앞의 기사.

36. 〈학구적 삶에의 자세 오징자양〉, 《조선일보》, 1959. 12. 5.

37. 김용호, 《여학생의 심리》, 양산문화사, 1950, 50쪽.

38. 위의 책, 74쪽.

3장 출판시장과 여성 독서공동체 형성

1. 〈국제 펜·클럽 28차 세계대회 참가대표 좌담회〉(변영로, 모윤숙, 김광섭, 백철, 이하윤, 이헌구, 이무영), 《경향신문》, 1957. 7. 1~3.

2. 박종화, 〈우리문학의 당면과제: 설문〉, 《현대문학》, 1957. 9.

3. 김동호 외, 《한국영화 정책사》, 나남, 2005.

4. 〈학술교양지 발전경향: 대중오락지는 퇴세일로〉, 《동아일보》, 1958. 6. 5.

5. 韓國教育十年史刊行會, 《韓國教育十年史》, 豊文社, 1960.

6. 〈학술교양지 발전경향: 대중오락지는 퇴세일로〉, 《동아일보》.

7. 〈좌담회: 50년대의 문학을 말한다〉(백철, 이무영, 이인석, 김종문, 안수길, 모윤숙, 김규동, 김광섭, 사회-김송), 《자유문학》, 1959. 12.

4장 여성지의 연재소설 속 여성서사

1. 리타 펠스키, 이은경 옮김, 《페미니즘 이후의 문학》, 여이연, 2010, 161쪽.

2. 편집부, 〈《行路難》을 연재하며〉, 《주부생활》, 1958. 2.

3. 김말봉, 〈行路難〉 최종회, 《주부생활》, 1959. 1.

4. 박화성, 〈바람뉘〉, 《여원》, 1958. 4.~1959. 3.

5. 위의 글, 1958. 7.

6. 김동리, 〈차호연재소설 애정의 윤리를 집필하면서〉, 《주부생활》, 1958. 11.

7. 김동리, 〈애정의 윤리〉, 《주부생활》, 1959. 6.

8. 박경리, 〈再歸熱〉 최종회, 《여성생활(舊주부생활)》, 1960. 4.

9. 최정희, 〈黑衣의 女人〉 최종회, 《여원》, 1956. 10.

10. 리타 펠스키, 앞의 책, 171쪽.

11. 강신재, 《청춘의 불문율》, 여원사, 1960, 50쪽.

12. 위의 책, 157쪽.

5장 여성지의 문인 에세이와 지상문예강좌

1. 천경자, 〈육아일기〉, 《주부생활》, 1959. 4.

2. 박목월, 〈여인의 서〉, 《주부생활》, 1958. 3.

3. 위의 글, 1958. 5.

4. 천경자, 앞의 글, 1959. 3.

5. 박목월, 앞의 글, 1958. 4.

6. 천경자, 앞의 글, 1958. 8.

7. 안 뱅상 뷔포, 이자경 옮김, 《눈물의 역사: 18-19세기》, 동문선, 2000.

8. 조연현, 〈문학적 인생론: 고독의 사상〉, 《주부생활》, 1959. 5.

9. 박종화, 〈특집: 주부를 위한 문장강좌: 문장이란 무엇이냐〉, 《여원》, 1958. 1.

10. 전숙희, 〈특집: 주부를 위한 문장강좌: 일기는 어떻게 쓸 것인가〉, 《여원》, 1958. 1.

11. 김동리, 〈문예교실: 산문선후감〉, 《여원》, 1957. 9.

12. 위의 글, 1958. 2.

13. 위의 글, 1957. 9.

14. 위의 글, 1958. 7.

15. 서정주, 〈문예교실: 시선후감〉, 《여원》, 1957. 10.

16. 위의 글, 1958. 8.

17. 김동리, 앞의 글, 1958. 10.

18. 〈여원싸롱〉, 《여원》, 1958. 2.

19. 〈독자싸롱〉, 《여원》, 1956. 6.

20. 위의 글, 1957. 10.

21. 최정희, 〈여원창간기념 여류현상문예 소설 선후감: 태동하는 신인들의 놀라운 모습〉, 《여원》, 1956. 1.

22. 김남조, 〈여원 제3회 여류현상문예: 시선후평〉, 《여원》, 1958. 1.

23. 서정주, 〈여원창간기념 여류현상문예 시 선후감〉, 《여원》, 1956. 1.

24. 조풍연, 〈여원창간기념 여류현상문예 수필 선후감〉, 《여원》, 1956. 1.

25. 전숙희, 〈여원 제3회 여류현상문예: 수필선후평〉, 《여원》, 1958. 1.

26. 박기원, 〈여원창간기념 여류현상문예 당선소감〉, 《여원》, 1956. 1.

27. 최미나, 〈당선소감: 형극의 길〉, 《여원》, 1958. 1.

28. 박수복, 〈당선소감: 광장적 희열〉, 《여원》, 1958. 1.

29. 허남윤, 〈당선소감: 여정의 실마리〉, 《여원》, 1958. 1.

30. 최정희, 〈여류작가가 되려는 분에게: 재능과 집요한 노력이 필요〉, 《여원》, 1956. 1.

31. 노천명, 〈여류시인이 되려는 분에게: 글쓰기 전에 인간이 되어야 한다〉, 《여원》, 1956. 1.

32. 박경리·한무숙 대담, 〈두 여류수상작가의 대담: 문학을 하며 산다는 것〉,《여원》1958. 4.

6장 여성지의 인생 상담과 여성 독자의 글쓰기 욕망

1. 〈書店人이 본 女子讀書界〉,《新家庭》, 1934. 10.

2. 《주부생활》, 1959. 6.

3. 혜란, 〈일즉이홀되얏든몸으로〉,《新女性》, 1925. 5.

4. 리타 펠스키, 이은경 옮김,《페미니즘 이후의 문학》, 여이연, 2010.

5. 김동인, 〈김연실전〉,《문장》, 1939. 3.

6. 이애실, 〈인생십자로: 朴과 美子와 나〉,《주부생활》, 1957. 5.

7. 오영숙,《1950년대, 한국영화와 문화담론》, 소명출판, 2007.

8. 독자 김순애, 〈전호의 〈인생십자로〉를 읽고〉,《주부생활》, 1957. 5.

9. 독자 정혜린, 〈전호의 〈인생십자로〉를 읽고〉,《주부생활》, 1957. 7.

10. 현숙영, 〈인생십자로: 不義의 씨를 안고〉,《주부생활》, 1958. 1.

11. 폴 리쾨르, 윤철호 옮김,《해석학과 인문사회과학》, 서광사, 2003.

7장 '자기구성의 기획'을 향한 문학소녀들의 글쓰기

1. 조연현, 〈해방 후: 윤리적 기초의 變貌〉,《여원》, 1957. 7.

2. 김내성,《실낙원의 별》, 민중서림, 1959, 25쪽.

3. Maria pia lala, *Moral Textures: Feminist Narratives in The Public Sphere*, University of California Press, 1998. pp. 46~49.

4. 최희숙, 박계형 등 1950~60년대 여대생 작가의 소설에 대한 자세한 연구는 조은정, 〈1960년대 여대생작가의 글쓰기와 대중성〉,《여성문학연구》24, 2010 참고.

5. 양평,《베스트셀러 이야기》, 우석, 1985, 113~114쪽.

6. 위의 책.

결론을 대신하여

1. 리타 펠스키, 이은경 옮김,《페미니즘 이후의 문학》, 여이연, 2010.

참고문헌

기본자료

《경향신문》,《동아일보》,《조선일보》,《새살림》,《여성계》,《여원》,《월간 YWCA》,《女學生》,
《주부생활》,《사상계》,《자유문학》,《新家庭》,《新女性》,《현대문학》

경기여자중·고등학교,《京畿女高五十年史》, 1957. 10.
김내성,《실낙원의 별》, 민중서림, 1959.
김동인, 〈김연실전〉,《문장》, 1939. 3.
모윤숙,《영운 모윤숙 전집 8: 어느 女大生에게》, 어문각, 1974
文敎40年史編纂委員會,《文敎40年史》, 文敎部, 1988.
박목월,《누구에게 추억을 전하랴》, 고려원, 1987.
박목월,《여학생문학독본》, 영웅출판사, 1952.
박붕배,《한국국어교육전사》上, 대한교과서주식회사, 1987.
박승훈,《여학생문예작품집》, 평문사, 1954.
배재중고등학교,《培材史: 창립 70주는 기념 출판》, 배재중고등학교, 1955.
백혜자,《소라의 꿈》, 영문사, 1961.
신지식,《감이 익을 무렵》, 성바오로출판사, 1986.
신지식,《하얀 길》, 산호장, 1956.
안춘군,《한국출판문화사대요》, 청림출판, 1987.
양인자,《돌아온 미소》, 문호사, 1961.
양평,《베스트셀러 이야기》, 우석, 1985.
이한국 편저,《1957년도 출판연람》, 대한출판연람사, 1957.
임옥인,《여학생 문장강화》, 신광사, 1959.
조연현,《문학적 인생론》, 어문각, 1977.
최희숙,《슬픔은 강물처럼》, 신태양사, 1959.
韓國敎育十年史刊行會,《韓國敎育十年史》, 豊文社, 1960.

문학소녀의 탄생

국내 논저

단행본

강만길 엮음,《한국 자본주의의 역사》, 역사비평사, 2000.

권보드래 외,《아프레걸 사상계를 읽다》, 동국대학교출판부, 2009.

권보드래,《연애의 시대》, 현실문화연구, 2004.

김경일,《한국의 근대와 근대성》, 백산서당, 2003.

김동윤,《신문소설의 재조명》, 예림기획, 2001.

김동호 외,《한국영화 정책사》, 나남, 2005.

김미지,《누가 하이카라 여성을 데리고 사누》, 살림출판사, 2005.

김열규 외 공역,《페미니즘과 문학》, 문예출판사, 1995.

김혜련,《아름다운 가짜, 대중문화와 센티멘털리즘》, 책세상, 2005.

박성봉,《대중예술의 이론들: 대중예술 비평을 위하여》, 동연, 1994.

엄미옥,《여학생, 근대를 만나다: 한국 근대소설의 형성과 여학생》, 역락, 2011.

오영숙,《1950년대, 한국영화와 문화담론》, 소명출판, 2007.

유지나,《멜로드라마란 무엇인가:〈자유부인〉에서〈접속〉까지》, 민음사, 1999.

육영수,《책과 독서의 문화사》, 책세상, 2010.

이임하,《여성, 전쟁을 넘어 일어서다: 한국전쟁과 젠더》, 서해문집, 2004.

이중연,《책, 사슬에서 풀리다: 해방기 책의 문화사》, 혜안, 2005.

정진성,《한국현대여성사》, 한울아카데미, 2004.

천정환,《근대의 책 읽기》, 푸른역사, 2003.

한국여성문학회 여원연구모임,《《여원》 연구: 여성·교양·매체》, 국학자료원, 2008.

논문

강소연,〈1950년대 여성잡지에 표상된 미국문화와 여성담론〉,《상허학보》 18, 2006.

김경연,〈근대 여성잡지와 여성 독자의 형성〉,《한국문학논총》 54, 2010.

김양선,〈1950년대 세계여행기와 소설에 나타난 로컬의 심상지리〉,《한국근대문학연구》 22, 2010.

김혜수,〈1950년대 한국여성의 지위와 현모양처론〉,《외대사학》 12, 2000.

노지승,〈1950년대 문화수용자로서 여성의 자기표현과 영화관람〉,《비교한국학》 18, 2010.

노지승,〈1950년대 후반 여성 독자와 문학 장의 재편〉,《한국현대문학연구》 30, 2010.

노지승,〈여성지 독자와 서사 읽기의 즐거움:《女性》(1936~1940)을 중심으로〉,《현대소설연구》 42, 2009.

박수현, 〈문학 연구 방법으로서 '망탈리테'에 관한 시론적 고찰〉, 《현대문학이론연구》 44, 2011.

박숙자, 〈'문학소녀'를 허하라〉, 《대중서사연구》 20-2, 2014. 8.

박혜숙, 〈여성 자기서사체의 인식〉, 《여성문학연구》 8, 2002.

박혜숙·박희병·최경희, 〈한국여성의 자기서사(1)〉, 《여성문학연구》 7, 2002.

박혜숙·박희병·최경희, 〈한국여성의 자기서사(2)〉, 《여성문학연구》 8, 2002.

박혜숙·박희병·최경희, 〈한국여성의 자기서사(3): 근대편〉, 《여성문학연구》 9, 2003.

변재란, 〈한국 영화사에서 여성 관객의 영화관람 경험 연구: 1950년대 중반에서 1960년대 초반을 중심으로〉, 중앙대학교 영화학과 박사학위논문, 2000.

서은주, 〈1950년대 대학과 교양 독자〉, 《현대문학의연구》 40, 2010.

신은미, 〈1950년대 《女性界》에 나타난 여대생 인식〉, 한국교원대학교 대학원 석사학위논문, 2009.

오화영, 〈현대소설을 통해 본 낭만적 사랑에 관한 연구: 여성잡지 연재소설을 중심으로〉, 서강대학교 사회학과 석사학위논문, 1993.

윤금선, 〈해방 이후 독서대중화 운동〉, 《국어교육연구》 17, 2006.

이봉범, 〈1950년대 신문저널리즘과 문학〉, 《반교어문연구》 29, 2010.

이봉범, 〈1950년대 잡지저널리즘과 문학〉, 《상허학보》 30, 2010.

이선미, 〈《여원》의 비균질성과 '독신여성' 담론 연구〉, 《한국문학연구》 34, 2008.

이선미, 〈1950년대 미국유학 담론과 '대학문화'〉, 《상허학보》 25, 2009.

이선미, 〈1950년대 여성문화와 미국영화〉, 《한국문학연구》 37, 2009.

이선미, 〈연애소설과 젠더 질서 재구축의 논리: 김내성, 《실낙원의 별》을 중심으로〉, 《대중서사연구》 22, 2009.

이선옥, 〈《여원》의 중심담론과 여성들의 글쓰기: 여류현상문예를 중심으로〉, 《여성문학연구》 19, 2008.

이선옥, 〈195,60년대 《여원》 '여류현상문예'와 교양·과학화 담론〉, 《열린정신 인문학연구》 12, 2011.

이시은, 〈1950년대 '전문독자'로서의 비평가 집단의 형성〉, 《현대문학의연구》 40, 2010.

이정옥, 〈대중문학과 독자〉, 《대중서사연구》 10, 2003.

이정희, 〈근대 여성지 속의 자기서사연구: 성·사랑·결혼에 관한 여성의 서사를 중심으로〉, 《현대소설연구》 19, 2003.

이종호, 〈1950년대 남한 문학전집의 출현과 문학정전화의 욕망〉, 《한국어문학연구》 55, 2010.

임지연, 〈1960년대 초반 잡지에 나타난 여성/청춘 표상: 《사상계》와 《여원》을 중심으로〉,

《여성문학연구》 16, 2006.

장미영, 〈여성 자기서사의 서사적 특성 연구:《여원》 수기를 중심으로〉,《여성문학연구》 18, 2007.

장민지, 〈1950년대 문학 '대중성' 논의에 대한 연구〉,《어문학》 74, 2001. 10.

장수경,《학원》의 '학원문단'과 '학원문학상'의 의미〉,《현대문학이론연구》 38, 2009.

정미지, 〈1960년대 '문학소녀' 표상과 독서양상 연구〉, 성균관대학교 석사학위논문, 2011.

조경원·이배용, 〈해방 이후 여성교육정책의 변화와 여성의 사회진출 양상〉,《한국교육사학》 22-2, 2000.

조은정, 〈1960년대 여대생 작가의 글쓰기와 대중성〉,《여성문학연구》, 24, 2010.

진선영, 〈한국 대중연애서사의 이데올로기와 미학〉, 이화여자대학교 박사학위논문, 2011.

최경도, 〈전기, 자서전, 소설〉,《외국문학연구》 30, 2008.

최미진, 〈1950년대 신문소설에 나타난 아프레걸〉,《대중서사연구》 18, 2007.

허윤, 〈한국전쟁과 히스테리의 전유〉,《여성문학연구》 21, 2009.

국외 논저

Armstrong, Nancy, *Desire and domestic fiction: a political history of the novel*, Oxford University Press, 1987.

Beer, Gillian, 문우상 옮김,《로망스》, 서울대학교출판부, 1985.

Bollmann, Stefan, 조이한·김정근 옮김,《책 읽는 여자는 위험하다》, 웅진지식하우스, 2006.

Brooks, Peter, *The melodramatic imagination: Balzac, Henry James, Melodrama, and the mode of excess*, Columbia University Press, 1984.

Chartier, Roger, 이종삼 옮김,《읽는다는 것의 역사》, 한국출판마케팅연구소, 2006.

Escarpit, Robert, 민병덕 옮김,《출판·문학의 사회학》, 일진사, 1999.

Felski, Rita, 이은경 옮김,《페미니즘 이후의 문학》, 여이연, 2010.

Fetterley, Judith, *The resisting reader: a feminist approach to American fiction*, Indiana University Press, 1978.

Iser, Wolfgang, 이유선 옮김,《독서행위》, 신원문화사, 1993.

Manguel, Alberto, 정명진 옮김,《독서의 역사》, 세종서적, 2000.

Maria pia lala, *Moral Textures: Feminist Narratives in The Public Sphere*, University of California Press, 1998.

Ricoeur, Paul, 김윤성·조현범 옮김,《해석이론》, 서광사, 1998.

Ricoeur, Paul, 윤철호 옮김,《해석학과 인문사회과학》, 서광사, 2003.

Vincent-Buffault, Anne, 이자경 옮김,《눈물의 역사: 18-19세기》, 동문선, 2000.

Watt, Ian, 김유나·고경하 옮김,《소설의 발생》, 강, 2005.

Wiliams, Raymond , 김성기·유리 옮김,《키워드》, 민음사, 2010.

나카무라 유지로(中村雄二郎), 양일모 옮김,《공통감각론》, 민음사, 2003.

마에다 아이(前田愛), 유은경·이원희 옮김,《일본 근대 독자의 성립》, 이룸, 2003.

문학소녀의 탄생

문학소녀의 탄생

1950년대 여성 독서의 문화사

1판 1쇄 2022년 7월 25일

지은이 | 김윤경

펴낸이 | 류종필
책임편집 | 김현대
편집 | 이은진, 이정우
마케팅 | 이건호
경영지원 | 김유리
표지·본문 디자인 | 박미정

펴낸곳 | (주)도서출판 책과함께
　　　　주소 (04022) 서울시 마포구 동교로 70 소와소빌딩 2층
　　　　전화 (02) 335-1982
　　　　팩스 (02) 335-1316
　　　　전자우편 prpub@daum.net
　　　　블로그 blog.naver.com/prpub
　　　　등록 2003년 4월 3일 제2003-000392호

ISBN 979-11-91432-74-9 93910

* 이 책은 아모레퍼시픽재단의 지원을 받아 저술·출판되었습니다.